**Bibliografische Information der Deutschen Nationalbibliothek:**

Bibliografische Information der Deutschen Nationalbibliothek: Die Deutsche Bibliothek verzeichnet diese Publikation in der Deutschen Nationalbibliografie; detaillierte bibliografische Daten sind im Internet über http://dnb.d-nb.de/ abrufbar.



Copyright © 1999 GRIN Verlag GmbH
Druck und Bindung: Books on Demand GmbH, Norderstedt Germany
ISBN: 9783867462082

http://www.examicus.de/e-book/185269/besteuerung-des-electronic-commerce

Tobias Herbst

# Besteuerung des Electronic Commerce

Examicus Verlag

# INHALTSVERZEICHNIS . FEHLER! TEXTMARKE NICHT DEFINIERT.

## Abkürzungsverzeichnis

| | |
|---|---|
| Abs. | Absatz |
| abzgl. | abzüglich |
| AK | Anschaffungskosten |
| AMT | Alternative Minimum Tax |
| Anm. | Anmerkung |
| AO | Abgabenordnung |
| Art. | Artikel |
| AStG | Außensteuergesetz |
| ATO | Australian Tax Office |
| AV | Anlagevermögen |
| BB | Betriebsberater (Zeitschrift) |
| BFH | Bundesfinanzhof |
| BLP | Bestimmungslandprinzip |
| BMF | Bundesministerium für Finanzen |
| BSP | Bruttosozialprodukt |
| bspw. | Beispielsweise |
| BStBl. | Bundessteuerblatt (Zeitschrift) |
| bzgl. | bezüglich |
| bzw. | beziehungsweise |
| ca. | circa |
| CR | Computer und Recht (Zeitschrift) |
| DB | Der Betrieb (Zeitschrift) |
| DBA | Doppelbesteuerungsabkommen |
| Diss. | Dissertation |
| DStR | Deutsches Steuerrecht (Zeitschrift) |
| DSWR | Datenverarbeitung in Steuer, Wirtschaft und Recht |
| E-Commerce | Electronic Commerce |
| EFG | Entscheidungen der Finanzgerichte |
| EStG | Einkommensteuergesetz |
| EU | Europäische Union |
| evtl. | eventuell |

| | |
|---|---|
| f. | fortfolgend |
| ff. | fortfolgende |
| FAZ | Frankfurter Allgemeine Zeitung (Zeitung) |
| FG | Finanzgericht |
| GB | Großbritannien |
| gem. | gemäß |
| GewStG | Gewerbesteuergesetz |
| ggf. | gegenbenenfalls |
| HB | Handelsblatt (Zeitung) |
| HP | Hewlett Packard |
| hrsg. | herausgegeben |
| i.d.R. | in der Regel |
| IddW | Institut der deutschen Wirtschaft |
| i.H.d. | in Höhe des |
| IHK | Industrie und Handelskammer |
| I.I.F.S. | Institut für Ausländisches und Internationales Finanz- und Steuerwesen |
| INF | Die Information über Steuer und Wirtschaft (Zeitschrift) |
| IRC | Internal Revenue Code |
| IRS | Internal Revenue Service |
| ISP | Internet Service Provider |
| IStR | Internationales Steuerrecht (Zeitschrift) |
| i.S.v. | im Sinne von |
| i.V.m. | in Verbindung mit |
| IWB | Internationale Wirtschafts-Briefe (Zeitschrift) |
| k.A. | keine Angabe |
| K&R | Kommunikation & Recht (Zeitschrift) |
| lt. | laut |
| Mio. | Millionen |
| MMR | MultiMedia und Recht (Zeitschrift) |
| Mrd. | Milliarden |
| No. | Number |
| Nr(n). | Nummer(n) |

| | |
|---|---|
| o.ä. | oder ähnliches |
| OECD-MA | OECD-Musterabkommen |
| ÖStZ | Österreichische Steuerzeitung (Zeitschrift) |
| OFD | Oberfinanzdirektion |
| OTP | Open Trading Protocol |
| o.V. | ohne Verfasser |
| prop. | proposed |
| pub. | publication |
| Rdnr. | Randnummer |
| reg. | regulation |
| RFH | Reichsfinanzhof |
| RLEWG | Richtlinie der Europäischen Wirtschaftsge-meinschaft |
| Rspr. | Rechtsprechung |
| RStBl. | Reichssteuerblatt (Zeitschrift) |
| Rz. | Randziffer |
| S. | Seite |
| sec. | section |
| sog. | sogenannte |
| StB | Steuerberater (Zeitschrift) |
| SZ | Süddeutsche Zeitung (Zeitung) |
| TCP/IP | Transmission Control Protocol/Internet Proto-col |
| TDG | Teledienstgesetz |
| TKG | Telekommunikationsgesetz |
| Tz. | Textziffer |
| u. | und |
| u.a. | unter anderem |
| u.ä. | und ähnliche |
| ULP | Ursprungslandprinzip |
| UN-MA | United Nations-Musterabkommen |
| UR | Umsatzsteuer-Rundschau (Zeitschrift) |
| UrhG | Urheberrechtsgesetz |
| USA | United States of America |

| | |
|---|---|
| US-MA | United States-Musterabkommen |
| UStDV | Umsatzsteuer-Durchführungsverordnung |
| UStG | Umsatzsteuergesetz |
| UStR | Umsatzsteuerrichtlinie |
| usw. | und so weiter |
| u.U. | unter Umständen |
| v. | vom |
| vgl. | vergleiche |
| WWW | World Wide Web |
| z.B. | zum Beispiel |
| Ziff. | Ziffer |

# 1 Einleitung

## 1.1 „Commerce goes Electronic"

Mit einem weltweiten Umsatz von derzeit etwa 2,6 Mrd. Dollar und einer Schätzung für das Jahr 2000 von 150 bis 500 Mrd. Dollar (davon sollen ca. 25 Mrd. Dollar auf Deutschland entfallen) dürfte der sog. „Electronic Commerce" (E-Commerce) wohl einer der am schnellsten wachsenden Märkte werden.[1] E-Commerce ist „(...) jede Art geschäftlicher Transaktion, bei der die Beteiligten auf elektronischem Wege Geschäfte anbahnen, abwickeln oder elektronischen Handel mit Gütern und Dienstleistungen betreiben."[2]

Das wohl bekannteste Medium für den elektronischen Geschäftsverkehr ist das Internet[3], im besonderen das World Wide Web (WWW)[4], welches 40% des Internets ausmacht.[5] Die derzeitige Zahl der kommerziellen Anbieter im Internet wird weltweit auf ca. 400.000 geschätzt.[6] In Deutschland beläuft sich der Anteil der mittels Webseiten vertretenen Unternehmen bislang nur auf etwa 16%, wenngleich jedes dritte deutsche Unternehmen einen Internetzugang hat.[7] Als Vorreiter dieser neuen Entwicklung sind in Deutschland die Versandhäuser wie etwa der Hamburger Otto Versand oder die Fürther Quelle Gruppe anzusehen, die seit 1995 ihre Produkte via Internet anbieten.[8] Aber auch gerade kleinen und mittelgroßen Unternehmen bietet E-Commerce aufgrund des vergleichsweise geringen Startkapitals die Möglichkeit, in den internationalen Handel einzusteigen.[9] Während es im Jahre 1996 weltweit nur knapp 40 Mio. Internetnutzer gab, stieg ihre Zahl bis Ende 1997 bereits auf über 100 Mio. an.[10] Schätzungen für das Jahr 2005 gehen von einer Größenordnung von bis zu 1 Mrd. Nutzer aus.[11]

---

[1]   Vgl. Keller (1998), S. 43; O.V. (1997b), S. 1.
[2]   Deutsche Bundesregierung (1997), „+ S. 3 +".
[3]   Das Internet ist ein Verbund unterschiedlicher Netzwerke, die über ein einheitliches Kommunikationsprotokoll (TCP/IP) miteinander kommunizieren. Neben Netzen von staatlichen Forschungseinrichtungen u. Universitäten gibt es firmeneigene Netze von Unternehmen (Intranets) und solche kommerzieller Anbieter (ISP, content provider). Die für den Betrieb notwendigen Leitungen werden von den Anbietern gemietet oder selbst verlegt, vgl. Beck (1997), S. 457 und Abbildung 2.
[4]   Vgl. Abbildung 1 zur Erläuterung der wichtigsten Internetbegriffe.
[5]   Vgl. O'Donnell/DiSangro (1997), S. 430.
[6]   Vgl. O.V. (1998c), S. 28.
[7]   Vgl. Business Online Marktstudie (1997) und Abbildung 3 u. 4.
[8]   Vgl. O.V. (1998a), S. 44.
[9]   Vgl. OECD (1997a), S. 5; Tabelle 1.
[10]  Vgl. Forrester Research (1997), S. 2 und Tabelle 2 u. Abbildung 5.
[11]  Vgl. Ebenda (1997), S. 7.

## 1.2 Möglichkeiten und Vorteile des E-Commerce

Bereits heute bietet der E-Commerce aufgrund neuester Entwicklungen auf dem Gebiet der Datenübertragung viele Möglichkeiten.[12] Dabei beschränkt sich die Datenübertragung bei weitem nicht mehr auf die Übermittlung von Sprache und Text, sondern jedes digitalisierbare Produkt kann über das Internet transferiert werden.[13] So können z.B. Computerprogramme, Photographien, Bücher (z.B. Online Enzyklopädien), Videos und Musik-CDs in digitaler Form direkt vom Computer des Verkäufers zum Computer des Käufers geliefert werden, ohne daß es dazu einer CD oder Floppy Disk bedarf.[14] Die Möglichkeit des sog. „downloading" schafft dabei erhebliche Kosteneinsparungen. So beziffert sich bspw. der weltweite jährliche Umsatz im Bücherhandel auf 70 Mrd. Dollar, wobei 50% der Kosten durch Lagerhaltung, Versand und Remittendenbearbeitung entstehen.[15] Durch den Einsatz von elektronischen Distributionswegen können nicht nur die Versandkosten gesenkt werden, sondern u.U. auch Lohnkosten, da eine Website 24 Stunden am Tag, 7 Tage in der Woche betriebsbereit ist.[16]

Nahezu alle Branchen machen sich den elektronischen Handel zunutze. In einigen Städten der USA können sogar Lebensmittel über das Internet gekauft werden.[17] Ein anderes Anwendungsfeld ist der Dienstleistungsbereich, der vom Homebanking[18] und E-mailing bis hin zum Wertpapierhandel führt. Daneben ist es möglich Flugtickets, Theater- und Konzertkarten o.ä. über das Internet zu bestellen.[19] Die Einnahmen aus der Bereitstellung sogenannter „Online-Informationen"[20] werden jährlich auf ca. 30 Mrd. Dollar geschätzt. Unternehmen wie Lexis-Nexis stellen auf täglich aktualisierten Datenbanken Informationen zur Verfügung, die vom Konsumenten heruntergeladen werden können. Des weiteren

---

[12] Vgl. dazu Tabelle 3 u. Abbildung 6.

[13] Vgl. Tabelle 4.

[14] Vgl. US-Treasury (1996), S. 152; ein rein elektronischer Buchhandel findet sich unter http://www.amazon.com, ein zusätzliches elektronisches Angebot bietet Barnes&Noble unter http://www. barnesandnoble.com.

[15] Vgl. Frieden/Porter (1996), „+ S. 5 +"; in Deutschland beläuft sich die Zahl der Internet-Buchhändler auf 140 Anbieter, wobei der größte Deutsche (ehemalige ABC Bücherdienst), seinen Umsatz im Jahre 1996 auf 6 Millionen DM verdoppeln konnte. Ein Vergleich mit der internationalen Konkurrenz (z.B. Marktführern Amazon und Barnes & Noble) zeigt jedoch, daß die deutschen Buchhändler noch in den Kinderschuhen stecken, vgl. O.V. (1997a), S. 29.

[16] Vgl. ATO (1997), S. 7.

[17] Vgl. http://www.peapod.com.

[18] Als eine der ersten deutschen Banken ging die ehemalige Hypobank ins Internet und konnte innerhalb weniger Wochen 200 Neukunden verzeichnen, vgl. O.V. (1998b), S. 14; im Jahr 1997 verdoppelte sich die Zahl der Online-Konten auf 3,5 Mio., vgl. O.V. (1997b), S. 1.

[19] Vgl. http://www.ual.com und http://www.ticketmaster.com.

[20] Vgl. bspw.: http://www.bloomberg.com.

bietet sich das Internet hervorragend zu Werbezwecken an.[21] Die neueste Entwicklung heißt „virtual tag"; sie macht es den Kunden möglich, das online in einer Multimediawerbung angebotene Produkt per Mausklick auf eben dieses zu ordern. Das ist gerade so, als würde man Produkte aus der Fernsehwerbung durch Berührung des Bildschirms bestellen.[22]

## 1.3 Neue Herausforderung für die Steuerbehörden

Einhergehend mit der neuen Form des Handels ergeben sich zahlreiche Probleme im steuerrechtlichen Bereich. Im Rahmen dieser Arbeit wird im wesentlichen auf die materielle Steuerpflicht eingegangen und Aspekte der Finanzverwaltung wie etwa die Steuererhebung oder Dokumentationserfordernisse weitgehend außer Acht lassen.[23]

Der Grund für die bislang herrschende Unsicherheit, was die steuerliche Behandlung von Geschäften im Internet angeht, ist u.a. darauf zurückzuführen, daß die aus dem „pre internet age" stammenden Gesetze zumeist auf physischen Kriterien aufbauen und nicht mit der Erfindung der neuen Datentransfermethoden schrittgehalten haben. Hieraus ergibt sich die Besorgnis der Finanzministerien, daß eine Vielzahl der Geschäfte des E-Commerce der Besteuerung entzogen werden.[24] Demzufolge werden zur Zeit Vorschläge wie etwa die Einführung einer „Bit-Tax" bzw. eine neue Formulierung/Auslegung von bestehenden Gesetzen diskutiert.[25] Bislang gibt es abgesehen von vereinzelten Richtlinien kaum konkrete Vorschläge der zuständigen Institutionen zur Besteuerung.[26] Die Herausforderungen für die Steuerbehörden ergeben sich aus

- der grenzenlosen, unverzüglichen und globalen Eigenschaft des E-Commerce, welche Probleme bei der Anwendung traditioneller Quellenbesteuerungs- und Wohnsitzprinzipien hervorruft,

- dem Nebeneinander von elektronischem und herkömmlichem Vertrieb, wodurch die Gefahr der steuerlichen Ungleichbehandlung entsteht,

---

[21] Vgl. Tabelle 5.

[22] Vgl. Frieden/Porter (1996), „+ S. 6 +".

[23] Vgl. dazu u.a. OECD (1998b), S. 9-17.

[24] Im Internet werben ca. 80 Offshore-Republiken (z.B. das Dominion of Melchizedek) mit Angeboten zur Steuervermeidung, vgl. dazu: http://www.melchizedek.com, http://www.ptshamrock.com und http://www.privacy-solutions.com; vgl. Flore (1998), S. 294.

[25] Vgl. OECD (1997b), S. 3; Soete (1996), http://meritbbs.unimaas.nl/cybertax/.

[26] Vgl. Strunk (1998b), S. 1; Flore (1998), S. 292.

- dem Mangel an Zwischenhändlern, die für gewöhnlich Prüfungs-, Aufzeichnungs- und Abführungsaufgaben übernehmen,

- der Anonymität und mangelnden Zurückführbarkeit der Datenströme, die (zumeist verschlüsselt) keine Informationen über Art, Teilnehmer, Ort, Preis usw. der Transaktion preisgeben,

- der Herbeiführung eines internationalen Konsenses bzgl. der Besteuerung des E-Commerce, um Doppelbesteuerungen und eine damit einhergehende Behinderung des Handels zu verhindern.[27]

## 1.4 Gang der Untersuchung

Im *zweiten Abschnitt* dieser Arbeit werden zunächst die im Zusammenhang mit dem Umsatzsteuergesetz stehenden Fragen der Besteuerung analysiert. Dabei folgt der Autor, der dem Umsatzsteuergesetz immanenten Vorgehensweise, wonach zunächst der jeweilige Steuergegenstand und daran anschließend, der Ort der Besteuerung festgelegt wird. Dies ist aus Sicht der Leistenden Unternehmen insofern von Bedeutung, als durch die Zahl der Länder, in denen sich das Unternehmen umsatzsteuerlich registrieren lassen muß ein Kostenfaktor festgelegt wird.[28] Besonderes Augenmerk verdient aufgrund der wirtschaftlichen Bedeutung und Vielfalt der Probleme auf den gesondert betrachteten Fall des Handels mit Software gelegt. Zuletzt behandelt dieser Teil einen alternativen Ansatz zur steuerlichen Erfassung des E-Commerce, der in der Literatur[29] unter dem Schlagwort „Bit-Tax" Einzug gehalten hat.

Der *dritte Abschnitt* der Diplomarbeit befaßt sich mit den ertragsteuerlichen Aspekten des elektronischen Handels. Im Mittelpunkt der Betrachtung steht die Besteuerung bei Erzielung gewerblicher Einkünfte, welche im wesentlichen durch die Frage der Begründung einer Betriebsstätte in Form eines Internet-Server determiniert wird. Daran anschließend werden im *vierten Abschnitt* die sich aus der neuen Vertriebsform ergebenden „Steuersparmodelle" anhand eines fiktiven Beispiels analysiert und die daraus folgende Steuerbelastung aufgezeigt.

Der *fünfte Abschnitt* faßt das Thema in einer Diskussion zusammen und gibt einen Ausblick in neueste technische Verfahren der Steuererhebung.

---

[27] Vgl. Hinnekens (1998), S. 55.

[28] Vorausgesetzt es handelt sich beim Leistungsempfänger um einen Nichtunternehmer.

[29] Vgl. unter dem Suchbegriff „Bit-Tax" die Homepage http://www.altavista.com.

## 2 Umsatzsteuerrechtliche Aspekte

Im Zuge des E-Commerce scheint die Globalisierung nun einen neuen Höhepunkt zu erreichen und stellt auch in Bezug auf das Umsatzsteuerrecht die bestehenden Steuersysteme und Verfahren in Frage. Bei der Umsatzsteuer handelt es sich um eine allgemeine Verbrauchsteuer, die auf die Besteuerung des Endverbrauchs im Verbrauchsland abzielt. Das weltweit anerkannte Verbrauchslandprinzip gesteht somit dem Staat das Besteuerungsrecht zu, in dem der tatsächliche Verbrauch stattfindet.[30] Durch die 6. EG-Richtlinie wurde die Umsatzsteuer in der EU mit dem Ziel der Wettbewerbsneutralität in Form einer Netto-Allphasen-Umsatzsteuer mit Vorsteuerabzug umgesetzt. Nach deutschem Recht sind gem. § 1 Abs. 1 Nr. 1 UStG Lieferungen und sonstige Leistungen besteuerbar, die ein Unternehmer im Inland gegen Entgelt im Rahmen seines Unternehmens ausführt. Für die weiteren Betrachtungen wird unterstellt, daß es sich um Unternehmer/Unternehmen i.S.d. § 2 UStG handelt.

Ein Problem der Besteuerung des elektronischen Handels stellt insbesondere die Vielzahl von unterschiedlichen Leistungsarten dar, deren Einordnung aufgrund fehlender physischer Form derzeit nicht eindeutig geklärt ist.[31] Im folgenden soll nun zuerst eine Katalogisierung der über das Internet erbrachten Leistungen erfolgen und daran anschließend die Frage der Besteuerung diskutiert werden.[32]

### 2.1 Abgrenzung von Telekommunikationsleistungen, Tele- und Online-Diensten

Als umsatzsteuerbare Leistungen im Internet kommen Telekommunikationsleistungen, Teledienste, sowie Online-Dienste in Betracht.

*(1) Telekommunikationsleistungen:*

Gemäß BMF-Schreiben vom 29.04.1997 fallen unter Telekommunikationsleistungen diejenigen Leistungen, „mit denen die Übertragung, die Ausstrahlung oder der Empfang von Signalen, Schrift, Bild und Ton oder Informationen jeglicher Art über Draht, Funk, optische oder sonstige elektromagnetische Medien gewährleistet werden; dazu gehören auch die Ab-

---


[30] An diesem Prinzip sollte auch international für die Besteuerung des E-Commerce festgehalten werden, vgl. OECD (1998b), S. 19.

[31] Vgl. Vellen (1998), S. 276-280.

[32] Derzeit spielt sich die Mehrheit des E-Commerce im „business to business"- Bereich ab, wohingegen der „business to consumer"- Bereich eine noch untergeordnete Rolle einnimmt. Gerade letzterer stellt jedoch die potentiell größte Herausforderung für die Steuerbehörden dar, insbesondere wenn die Produkte online über die nationalen Grenzen hinweg geliefert werden. Mit einigen wenigen Ausnahmen gibt es für diese Lieferungen bisher keine Bestimmungen zur Erhebung der Umsatzsteuer, vgl. OECD (1998b), S. 18.

tretung und die Einräumung von Nutzungsrechten an Einrichtungen zur Übertragung, Ausstrahlung oder zum Empfang. Von der Begriffsbestimmung werden ferner die Ermöglichung des Zugangs zu einem Informationsnetz und die Einräumung des Rechtes erfaßt, das Informationsrecht zu nutzen."[33]

In seinem Schreiben vom 18.11.1997 präzisierte das BMF die darunter zu subsumierenden Leistungen, wodurch klargestellt wurde, daß die Vermietung und Zurverfügungstellung von Telekommunikationsanlagen, die Angebote der sog. „Call-Center" oder „Chat-Rooms", das „E-Mailing", sowie sonstige Leistungen auf dem Gebiet der Netzmanagementdienste (z.B. „Callback-Dienste") auch von § 3a Abs. 4 Nr. 12 UStG erfaßt werden.[34]

Nicht inbegriffen sind dagegen die in vielen Angeboten der Provider enthaltenen Zusatzleistungen, welche neben dem reinen Zugang zum Internet noch aus einer Vielzahl weiterer Dienste (z.B. administrative und organisatorische Aufgaben) bestehen.

*(2) Teledienste:*

Viele dieser zusätzlichen Leistungen fallen unter das seit dem 1. August 1997 inkraftgetretene Teledienstgesetz (TDG), welches in § 2 Abs. 4 TDG auch eine Negativabgrenzung zu den Telekommunikationsleistungen enthält. Zu den Telediensten i.S.v. § 2 Abs. 2 TDG gehören:

1.  Angebote im Bereich der Individualkommunikation (z.B. Telebanking, Datenaustausch),

2.  Angebote zur Information oder Kommunikation, soweit nicht die redaktionelle Gestaltung zur Meinungsbildung für die Allgemeinheit im Vordergrund steht (Datendienste, z.B. Verkehrs-, Wetter-, Umwelt- und Börsendaten, Verbreitung von Informationen über Waren und Dienstleistungsangebote),

3.  Angebote zur Nutzung des Internets oder weiterer Netze,

4.  Angebote zur Nutzung von Telespielen,

5.  Angebote von Waren und Dienstleistungen in elektronisch abrufbaren Datenbanken mit interaktivem Zugriff und unmittelbarer Bestellmöglichkeit.[35]

*(3) Online-Dienste:*

Die sog. Online-Dienste sind ein Konglomerat aus Telekommunikationsleistungen und Telediensten. Sie bieten über den Anschluß an das Netz, die Einwahlknoten sowie den organisatorischen Hintergrund hinaus auch den Zugriff auf Informatio-

---

[33]  BMF v. 29.04.1997, S. 410 f.; diese Definition wurde einheitlich in der EU eingeführt und deckt sich inhaltlich mit Art.2 des Melbourne-Abkommens.
[34]  BMF v. 18.11.1997, S. 2403.
[35]  Ebenda, S. 2403.

nen.[36] Das zu Teilen heterogene Serviceangebot der Online-Dienste reicht vom Zugang zu Banken und Versandhäusern über das „E-Mailing" bis hin zu sog. „Chat-Räumen" oder „News-Groups".[37]

## 2.2 Bestimmung des Leistungsortes für Telekommunikationsleistungen

Seit dem Inkrafttreten des Umsatzsteueränderungsgesetzes (1.01.1997) hat der deutsche Gesetzgeber durch die Einführung der Nummer 12 in § 3a Abs. 4 UStG und der Nummer 2 in § 1 Abs. 1 Satz 1 UStDV den bis dahin bestehenden Wettbewerbsverzerrungen zu Lasten in der EU ansässiger Telekommunikationsanbieter Rechnung getragen.[38] Zu diesem war es aufgrund des davor geltenden Ursprungslandprinzips (ULP) gekommen, weil einige Unternehmen ihre Telekommunikationsleistungen durch im Ausland ansässige Tochterunternehmen hatten erbringen lassen und somit keine steuerbare Leistung i.S.v. § 1 Abs. 1 Nr. 1 UStG bestand. Die ausländischen Anbieter hatten insofern die Möglichkeit, ihre Leistungen (sog. Callback Dienste) zu günstigeren Konditionen anzubieten, als Telekommunikationsleistungen in einigen Staaten keiner oder wesentlich niedrigerer Umsatzsteuer unterliegen.[39]

*(a) Leistungsempfänger ist Unternehmer*

Durch die Hinzunahme der Telekommunikationsleistungen in den Katalog der in § 3a Abs. 4 UStG aufgeführten sonstigen Leistungen wird die Besteuerung „abweichend von Absatz 1 dort ausgeführt, wo der Empfänger sein Unternehmen betreibt".[40] Damit unterliegen inländische Unternehmen ungeachtet des Sitzes des Leistungserbringers und des Ortes der Nutzung bzw. Verwertung der Leistung der deutschen Umsatzsteuer.[41] Was die Besteuerung dieser Leistungen innerhalb der EU angeht, steht diese Regelung der im Binnenmarkt geforderten Ursprungslandbesteuerung entgegen, als hier ein Übergang zum Bestimmungslandprinzip (BLP) erfolgt.[42] Für vorsteuerabzugsberechtigte Unternehmen, die sich eines ausländischen Anbieters bedienen, entstehen dadurch keine zusätzlichen Kosten, da die

---

[36] Vgl. Zöllkau/Schilling/Jansen (1998), S. 99.
[37] Vgl. Mick/Wuermeling (1997), S. 359.
[38] Vgl. Slapio (1997), S. 1068; Vellen (1997), S. 198.
[39] Vgl. O.V. (1997c), S. 43; Mick/Wuermeling (1997), S. 357 f.
[40] Vgl. § 3a Abs. 3 UStG u. Tabelle 6.
[41] Vgl. Gummert/Trapp (1998a), S. 230.
[42] Vgl. Mick (1995), S. 669 ff. u. 672 ff.

Umsatzsteuer angerechnet bzw. bei fehlendem Ausweis Gebrauch von der Nullregelung (§ 52 Abs. 2 UStDV) gemacht werden kann.[43]

*(b) Leistungsempfänger ist kein Unternehmer*

Telekommunikationsleistungen, die an Nichtunternehmer in der Europäischen Union (also auch nach Deutschland) erbracht werden, folgen dagegen dem ULP[44] und werden gem. § 3a Abs. 1 UStG am Ort des Leistenden besteuert. Allerdings gibt es in diesem Fall insoweit eine Einschränkung, als der leistende Unternehmer seinen Sitz nicht in einem Drittland haben darf.[45] Ist dies der Fall, so wird der Leistungsort gem. § 3a Abs. 5 Satz 2 Nr. 2 UStG i.V.m. § 1 Abs. 1 Satz 1 Nr. 2 UStDV ins Inland verlegt, wenn die Leistung dort genutzt oder ausgewertet wird.[46] Mit dieser Regelung meint der Gesetzgeber nicht etwa den Ansässigkeitsstaat des Leistungsempfängers als vielmehr den tatsächlichen Ort der Nutzung. Die praktische Umsetzung dürfte jedoch bei der Durchsetzung der Steuererklärungspflicht des ausländischen Unternehmens, sowie der Klärung der zuständigen Finanzverwaltung zu Problemen führen.[47]

Erfolgt die Leistung eines deutschen Telekommunikationsunternehmens an eine Privatperson, die ihren Wohnsitz in einem Drittland hat, so wird sie im Drittland ausgeführt (§ 3a Abs. 3 Satz 3 UStG). Damit unterliegt eine Telekommunikationsleistung auch dann der ausländischen Steuergesetzgebung, wenn sie eigentlich - wie im Fall der Nutzung eines Internetzugangs in einem deutschen Internet-Café durch einen amerikanischen Touristen - im Inland erbracht wird.[48]

Andererseits wird die Leistung eines im Drittland ansässigen Telekommunikationsunternehmens an eine Privatperson mit Wohnsitz im Drittland bei Nutzung oder Auswertung im Inland gem. § 3a Abs. 5 UStG i.V.m. § 1 Abs. 1 Satz 1 Nr. 2 UStDV im Inland besteuert. Eine solche Konstellation ergibt sich bspw. für amerikanische Online-Dienste, deren deutsche Einwahlknoten von Privatkunden mit Sitz im Drittland in Anspruch genommen werden.[49]

---

[43] Vgl. O.V. (1997c), S. 43.

[44] Dadurch wird das Besteuerungsverfahren erleichtert, da beim Unternehmer im Fall grenzüberschreitender Leistungen keine zusätzlichen Erklärungspflichten entstehen; vgl. Gummert/Trapp (1998a), S. 230.

[45] Vgl. Zöllkau/Schilling/Jansen (1998), S. 98.

[46] Vgl. Slapio (1997), S. 1070.

[47] Als Beispiel seien amerikanische Touristen angeführt die mittels „Call-Cards" Leistungen eines amerikanischen Telephonanbieters im Inland in Anspruch nehmen; vgl. Korf (1997), S. 750.

[48] Vgl. Gummert/Trapp (1998a), S. 231.

[49] Ebenda, S. 231.

## 2.3 Bestimmung des Leistungsortes für Teledienste

Nicht betroffen von § 3a Abs. 4 Nr. 12 UStG sind bislang die Teledienste, bei denen die entgeltlich angebotenen Inhalte der übertragenen Leistungen die umsatzsteuerliche Behandlung determinieren.[50] Da viele dieser Dienste mittels Telekommunikationsleistungen übertragen werden, stellt sich die Frage der Hauptleistung. Diese ist im Einzelfall davon abhängig, wo der Schwerpunkt der Leistung liegt und ob die Leistungen sog. Angebotspakete einzeln zu beurteilen sind.[51] Bei vielen Telediensten dürfte es jedoch weniger auf die Art ihrer Übermittlung, als auf die Leistung selbst ankommen, wodurch die Telekommunikationsleistung zur Nebenleistung wird.[52] Nach dem Grundsatz der Leistungseinheit teilt dann die Nebenleistung das steuerliche „Schicksal" der Hauptleistung.[53]

Teledienste unterliegen somit grundsätzlich den Bestimmungen des § 3a Abs. 1 UStG und damit der Besteuerung im Ursprungsland, solange sie nicht ebenfalls eine sonstige Leistung i.S.d. § 3a Abs. 3 i.V.m. § 3a Abs. 4 Nr. 1-11 UStG darstellen.[54] Im folgenden sollen einige der gängigsten Teledienstangebote daraufhin überprüft werden.

### 2.3.1 Werbeleistungen

Unter § 3a Abs. 4 Nr. 2 UStG fallen „Leistungen, die der Werbung dienen". Darunter sind Leistungen zu verstehen, die bei den Werbeadressaten den Entschluß zum Erwerb von Gegenständen oder zur Inanspruchnahme von sonstigen Leistungen auslösen sollen.[55] Insbesondere zählen dazu die Leistungen der Werbegestaltung (A 39 Abs. 4 Nr. 3 UStR) und der Durchführung von Werbung (A 39 Abs. 4 Nr. 6 UStR). Letztere kann in der Herstellung einer Verbindung zur Homepage gesehen werden, wobei dann die Dienstleistung nicht für den Werbeempfänger sondern für den Dritten erbracht wird.[56] Da dieser i.d.R. Unternehmer sein dürfte, erfolgt die Besteuerung wo der Empfänger sein Unternehmen betreibt (§ 3a Abs. 3 Satz 1 UStG).[57] Dieses Ergebnis ist insoweit konsequent, als für Werbung über

---

[50] Vgl. BMF v. 18.11.1997, S. 2404.

[51] Zu dieser Frage hat das BMF am 18.11.1997 in einigen Beispielen Stellung genommen.

[52] Vgl. Zöllkau/Schilling/Jansen (1998), S. 98 f.

[53] Vgl. A 29 Abs. 3 Satz 1 UStR; Bülow (1998), § 3 UStG Rz. 10.

[54] Vgl. Mick/Wuermeling (1997), S. 360.

[55] A 39 Abs. 3 Satz 1 UStR; BFH v. 24.09.1987, S. 303.

[56] Vgl. Welnhofer/Pross (1996), Fach 13 S. 14 b.

[57] Vgl. zu den verschiedenen Szenarien Tabelle 6.

das Internet keine andere Regelung getroffen werden sollte als bei Direktwerbung und Werbesendungen des Funk bzw. Fernsehens.[58]

Selbst wenn die Homepage-Werbung nur zur Imageverbesserung dienen soll, wird sie unter § 3a Abs. 4 Nr. 2 UStG fallen, da der BFH auch bei Imagekampagnen eine kundenbeeinflussende Wirkung nicht ausschließt.[59] Ferner dürfte die Einrichtung einer Homepage als vorbereitende Tätigkeit interpretiert und somit selbst als Werbeleistung angesehen werden.[60]

### 2.3.2  Recherchen auf Datenbanken

Mit der weiten Verbreitung des Internet werden insbesondere Leistungen angeboten, die die Informationssuche im Netz übernehmen.[61] Ein dagegen relativ neues Geschäftsfeld wird durch Informationsanbieter erschlossen, welche über lokale Unterhaltungsangebote wie bspw. Kinofilme oder Restaurants Auskunft geben.[62]

Zur Bestimmung des Leistungsortes kommt zunächst § 3a Abs. 4 Nr. 4 UStG in Frage. Der im Gesetz verwendete Begriff „Datenverarbeitung" definiert sich als „Auswertung von Eingabedaten auf Datenverarbeitungsanlagen mit anschließender Übermittlung der Ergebnisse an den Auftraggeber".[63] Entscheidend ist, daß die Daten *verarbeitet* werden und darauf der wirtschaftliche Schwerpunkt der Leistung liegt.[64] Da bei den im Internet angebotenen Recherchen sich die Übermittlung von Daten durch Teledienstnutzer auf Anweisungen reduziert, mit denen die Nutzung der Teledienste ausgewählt und gesteuert wird, ist eine Subsumption der *überlassenen* Resultate unter § 3a Abs. 4 Nr. 4 UStG nicht möglich.[65]

Es handelt sich somit eher um eine Überlassung von Informationen i.S.v. § 3a Abs. 4 Nr. 5 UStG, zumal es auf die Art der überlassenen Informationen nicht ankommt.[66] Was die Ortsbestimmung angeht, so regelt § 3a Abs. 4 Nr. 5 UStG nur die „Überlassung", nicht aber die „Übermittlung" von Informationen. Mit „Überlassung" ist die Übermittlung zur Auswertung durch den Leistungsempfänger zu verstehen, woraus abzuleiten ist, daß es sich nicht um Informationen han-

---


[58]  Vgl. Forst (1997), S. 1456.

[59]  Vgl. Strunk (1998c), S. 217.

[60]  Vgl. A 39 Abs. 4 Nr. 3 UStR; Zöllkau/Schilling/Jansen (1998), S. 99.

[61]  Vgl. stellvertretend: http://www.yahoo.com oder http://www.excite.com.

[62]  Vgl. dazu http://www.sidewalk.com.

[63]  Wilke (1997), § 3a UStG Rdnr. 302.

[64]  Vgl. Giesberts (1997), § 3a UStG Rdnr. 211.

[65]  Vgl. Mick/Wuermeling (1997), S. 360.

[66]  Vgl. Giesberts (1997), § 3a UStG Anm. 217 ff.

delt, die der Öffentlichkeit zugänglich sind.[67] Bei den überlassenen Informationen handelt es sich i.d.R. um technisches oder wirtschaftliches Erfahrungswissen, dessen Bereitstellung darin liegt, „daß der überlassende Unternehmer dem Vertragspartner ein Benutzungsrecht in bezug auf das Know-how einräumt".[68] Besteht somit für die Informationen eine freie Zugangsmöglichkeit, handelt es sich um die Übermittlung von Informationen, welche nicht von Nr. 5 erfaßt werden.[69] Der Ort der Besteuerung regelt sich in diesem Fall gem. § 3a Abs. 1 UStG und weist das Besteuerungsrecht dem Ursprungsland zu.[70]

### 2.3.3 Lehrveranstaltungen und Beratungsleistungen

Erheblichen Diskussionen bzgl. des Besteuerungsrechts könnten Leistungen über das Internet mit sich bringen, die in Form von Lehrveranstaltungen bzw. gewöhnlichem Fernunterricht bestehen. Bei letzterem liegt i.d.R. eine sonstige Leistung i.S.d. § 3a Abs. 2 Nr. 3a UStG vor[71], mit der Folge der Besteuerung am Ort des leistenden Unternehmers (ULP). Bei Anwendung des § 3a Abs. 2 Nr. 3a UStG ist es ohne Belang, wo der „Erfolg dieser Tätigkeit eintritt". Maßgeblich ist der Ort, an dem die „entscheidenden Bedingungen zum Erfolg gesetzt werden".[72] Notwendige Bedingung für eine Qualifikation als unterrichtende bzw. wissenschaftliche Tätigkeit ist die Möglichkeit der individuellen Fragestellung der Nutzer. Diesem Anspruch können reine Videoschulungen und statische Lernprogramme über das Internet nicht genügen, wohl aber sog. „Call-Centers".[73] Die Auslegung des BFH stammt allerdings aus Zeiten, zu denen der Vortragende sich am selben Ort wie der Zuhörer befand und wird den neuesten Technologien wie sog. Bildschirmkonferenzen, bei denen sich der Vortragende und sein Auditorium auf die ganze Welt verteilen können, nicht mehr gerecht.[74]

Die sog. Beratungs- oder Informationsleistungen i.S.d. § 3a Abs. 4 Nr. 3 bzw. Nr. 5 UStG unterscheiden sich von den eben diskutierten Leistungen durch den direkten Bezug auf wirtschaftliche, rechtliche oder technische Fragen des einzelnen Teilnehmers, wodurch der wissenschaftliche bzw. unterrichtende Charakter

---

[67] Vgl. Giesberts (1997), § 3a UStG Anm. 219.
[68] BFH v. 29.09.1987, S. 49.
[69] Vgl. Giesberts (1997), § 3a UStG Anm. 219.
[70] Hieraus ergeben sich Wettbewerbsvorteile für Anbieter, deren Betriebsstätten sich in sog. Steueroasen befinden, vgl. zur Betriebsstättenproblematik Abschnitt 3.2.1.
[71] Vgl. Strunk (1998c), S. 220.
[72] BFH v. 26.11.1953, S. 63; BFH v.4.04.1974, S. 533.
[73] Vgl. Strunk (1998c), S. 220.
[74] Ebenda, S. 220.

der Veranstaltung verloren geht.[75] Beratungs- bzw. Informationsleistungen zahlreicher Freiberufler, wie bspw. Rechtsanwälte, Steuerberater, Wirtschaftsprüfer und Übersetzer werden im Internet in sog. „Chat-Rooms" angeboten. Diese einem Telefondienst ähnliche Leistung bestehend aus allgemeinen Auskünften und persönlicher Beratung kann interaktiv nachgefragt werden.[76] Ist nun der Empfänger einer solchen Leistung Unternehmer, so bestimmt § 3a Abs. 3 Satz 1 UStG dessen Sitz als Leistungsort (BLP).[77]

## 2.4 Download digitalisierbarer Güter

Als neue Vertriebsform digitalisierbarer Güter hält insbesondere das sog. Downloading bei den Unternehmen Einzug. Dabei wird das Gut (bspw. ein Computerprogramm, Buch oder eine Musik-CD) in digitalisierter Form vom Server des Verkäufers auf den Computer des Käufers heruntergeladen.[78] Der häufigste Fall ist der des Herunterladens von Software, der hier exemplarisch untersucht wird.[79]

### 2.4.1 Bestimmung der Art der Leistung

Für die Besteuerung von Geschäften im Internet wurde als eines der obersten Ziele die Wettbewerbsneutralität festgelegt.[80] Für den Fall des Downloadings von Software bedeutet dies, daß die Besteuerung analog der bei Verkauf mittels Datenträger erfolgen sollte. Dies würde die Annahme einer Lieferung gem. § 3 Abs. 1 UStG bedeuten, was sich insofern rechtfertigen ließe, als nicht die Art und Weise der Datenübertragung, sondern deren Inhalt entscheidend sein sollte.[81] Dazu müßte jedoch die Verfügungsmacht an einem körperlichen Gegenstand i.S.v. § 90 BGB verschafft werden, um die Voraussetzung einer Lieferung zu erfüllen.[82] Dies ist denkbar, da das Wort „Gegenstand" auch Wirtschaftsgüter umfaßt, die im Wirtschaftsverkehr wie körperliche Sachen behandelt werden.[83] Software könnte darunter fallen, da Art. 5 Abs. 2 der 6. EG-Richtlinie Elektrizität, Gas, Wärme, (...) und ähnliche Sachen den Gegenständen gleichstellt. Eine Qualifizierung der

---

[75] Vgl. OFD Frankfurt/Main v. 1.12.1993, S. 484.

[76] Vgl. Mick/Wuermeling (1997), S. 360.

[77] Vgl. zu den verschiedenen Szenarien Tabelle 6.

[78] Vgl. Vellen (1998), S. 274 und Abbildung 7.

[79] Nicht untersucht wird der Verkauf von Gütern bei denen lediglich der Bestellvorgang über das Internet geschieht, die Ware aber auf herkömmliche Art und Weise geliefert wird.

[80] Vgl. Europäische Kommission (1998); OECD (1998b), S. 4 u. 7.

[81] Vgl. bereits RFH v. 21.11.1941, S. 285; Welnhofer/Pross (1996), Fach 13 S. 16 f.

[82] Vgl. § 3 Abs. 1 UStG; A 24 Abs. 1 UStR.

[83] Vgl. BFH-Urteil v. 21.12.1988, S. 430; A 24 Abs. 1 Satz 2 UStR.

heruntergeladenen „Bits" als Strom scheidet von vornherein aus.[84] Die Subsumption von heruntergeladener Software unter den Punkt „ähnliche Sachen" erscheint ebenfalls fraglich, da es sich bei den genannten Stoffen um Verbrauchsgüter handelt, die nach einmaliger Übertragung/Durchleitung nicht wiederverwendet werden können.[85] Die auf einem Server liegenden Daten sind hingegen unbeschränkt übertragbar, können beliebig oft genutzt werden und erfüllen somit nicht das den „ähnlichen Sachen" gemeinsame Kriterium der immanenten Verbrauchbarkeit.[86] Daher dürfte Software eher als immaterielles Wirtschaftsgut angesehen werden.[87] Zu diesem Ergebnis kam auch der BFH in seinem Urteil vom 3.7.1987, worin er ausführte, daß der Programminhalt gegenüber dem Datenträger die entscheidende Rolle spiele, somit am geistigen Gehalt des Programms ein Nutzungsrecht erlangt werde und letztenendes beim Kauf des Datenträgers nicht eine Sache, sondern ein immaterielles Wirtschaftsgut erworben werde.[88]

Im Gegensatz dazu vertritt das BMF die Ansicht, daß die Einordnung von Software danach zu differenzieren ist, ob es sich um Standardsoftware oder individuell nach den Bedürfnissen des Käufers erstellte bzw. angepaßte Programme handelt.[89] Danach stellen Standardsoftware und sog. Updates (mit Anleitungshandbuch) eine Lieferung dar.[90] Begründbar ist diese Ansicht damit, daß bei der Veräußerung von Software, die als Massenware i.d.R. über Zwischenhändler vertrieben wird, sich die ursprünglich rein geistige Leistung im wirtschaftlichen Verkehr materialisiert hat.[91]

Die OFD Koblenz nahm zu dieser Problematik im Bezug auf elektronisch übermittelte Software erstmals Stellung. Sie vertrat die Auffassung, daß die Überlassung von Standardsoftware auf elektronischem Weg als sonstige Leistung anzusehen ist.[92] Als Begründung führte die Finanzdirektion an, daß bei elektronischer Übermittlung (via Internet oder Modem) dem Leistungsempfänger lediglich die Option geschaffen werde, die Software auf der Festplatte des eigenen Computers zu installieren, wohingegen bei einer physischen Lieferung i.S.d. § 3 Abs. 1 UStG

---


[84] Vgl. Lejeune/Vanham (1998), S. 8.

[85] Vgl. Welnhofer/Pross (1996.), Fach 13 S. 18 f.

[86] Vgl. Welnhofer (1998), S. 1540.

[87] Vgl. Stapperfend (1991), S. 74-81.

[88] Vgl. BFH v. 3.07.1987, S. 728; George (1987), S. 581.

[89] Vgl. BMF-Schreiben v. 7.10.1994 (nicht veröffentlicht).

[90] Vgl. auch: A 25 Abs. 2 Nr. 7 UStR; OFD Saarbrücken v. 30.03.1995, S. 850.

[91] Vgl. IHK Berlin in: BFH v. 3.07.1987, S. 729; Die Begründung stützt sich auf einen Vergleich von Schallplatten-, Film- und Buchproduktion, vgl. dazu Stapperfend (1991), S. 15 ff.

die Verfügungsmacht an einer beweglichen Sache (Diskette, CD-ROM) übertragen wird.[93] Die OFD wurde auch von europäischer Seite bestätigt, da der EU-Ministerrat am 6.7.1998 elektronisch vertriebene Produkte als Dienstleistung einordnete.[94]

Es bleibt somit abzuwarten, wie der Bundesfinanzhof über die seit jeher von der Finanzverwaltung vertretene Auffassung, Standardsoftware als Lieferung einzuordnen, entscheiden wird.[95]

### 2.4.2 Bestimmung des Leistungsortes

Die Bestimmung des Leistungsortes richtet sich nun nach der eben diskutierten Festlegung der Art der Leistung. Aufgrund der geteilten Ansichten über die Qualifizierung als Lieferung oder sonstige Leistung erscheint es sinnvoll, beide Möglichkeiten darzustellen.

*(1) Annahme eines Download als sonstige Leistung*

Für den Ort der sonstigen Leistung i.S.d. § 3 Abs. 9 UStG ist zwischen § 3a Abs. 1 UStG und dem für die unter § 3a Abs. 3 UStG i.V.m. § 3a Abs. 4 UStG gefaßten Katalogleistungen zu unterscheiden. Letzterer Fall ist insbesondere für die Nummern 1, 5 und 12 des Absatzes 4 zu prüfen.

Beim Verkauf von Software hat sich die *Übertragung von Urheberrechten (Nr. 1)* vor allem in Anbetracht des § 12 Abs. 2 Nr. 7 Buchstabe c UStG als strittig herausgestellt.[96] So führte die Finanzverwaltung zur Ablehnung an: „Soweit hierbei (Überlassung von Programmen) eine urheberrechtliche Nutzung - z.B. Vervielfältigung und Verbreitung des Programms (...) - vereinbart wird, ist sie Bestandteil einer einheitlichen wirtschaftlichen Gesamtleistung, die nicht in der Überlassung urheberrechtlicher Schutzrechte, sondern in der Überlassung von Software zur Benutzung besteht. Die Einräumung oder Übertragung von urheberrechtlichen Befugnissen stellt dazu nur eine Nebenleistung dar".[97] Nach Ansicht der Finanz-

---

[92]  Vgl. OFD Koblenz v. 22.06.1998, S. 1136; so auch OECD (1998b), S. 8.

[93]  Vgl. OFD Koblenz v. 22.06.1998, S. 1136; Welnhofer (1998), S. 1540.

[94]  Der Begriff „Dienstleistung" ist aus Art. 5 der 6. RLEWG und entspricht dem Begriff der sonstigen Leistung des UStG, vgl. Welnhofer (1998), S. 1541.

[95]  In den meisten EU-Staaten wird Standardsoftware als Lieferung eingestuft, wenngleich in Frankreich und England im Falle des Internet-Vertriebs eine Umklassifizierung zu einer sonstigen Leistung vorgenommen wird, vgl. dazu Hinnekens (1998), S. 56; Bourtourault (1997), S. 139; Geoffrey (1997), S. 142.

[96]  § 12 Abs. 2 Nr. 7 Buchstabe c UStG sieht eine Ermäßigung des Steuersatzes auf 7% vor. Während A 168 Abs. 1 Satz 5 bis 9 UStR noch davon ausgeht, daß jegliche Software dem vollen USt-Satz unterliegt, haben das FG Baden-Württemberg am 30.06.1994, S. 143 u. der BFH am 13.03.1997, S. 472 entschieden, daß für Individualsoftware der ermäßigte Steuersatz anwendbar ist, vgl. Eichler (1998), S. 56 f.

[97]  A 168 Abs. 1 Satz 6 u. 7 UStR; so auch BFH v. 13.03.1997, S. 230.

verwaltung findet somit keine Verlagerung des Leistungsortes i.S.d. § 3a Abs. 3 i.V.m. § 3a Abs. 4 Nr. 1 UStG statt.

Eine andere Ansicht wird größtenteils in der Literatur vertreten.[98] Seit der Neufassung des Urheberrechtsgesetzes (09.06.1993) sind alle Computerprogramme urheberrechtlich geschützt, die „(...) individuelle Werke in dem Sinne darstellen, daß sie das Ergebnis der eigenen geistigen Schöpfung ihres Urhebers sind".[99] Mit dieser Regelung dürften sich nicht nur Individualprogramme, sondern auch Standardsoftware – insbesondere bei direktem Vertrieb ohne Zwischenhändler - für die Urheberrechtsverwertung qualifizieren.[100] Als weiterer Kritikpunkt wird angeführt, daß es sich bei der Überlassung von Software nicht nur um eine bloße Nutzungsmöglichkeit handelt, sondern die Nutzung eines urheberrechtlich geschützten Werkes eingeräumt wird.[101] Demzufolge könnte es sich bei der Einräumung bzw. Übertragung von urheberrechtlichen Befugnissen nicht nur um eine Nebenleistung handeln.[102] In der Konsequenz läge das Besteuerungsrecht, sofern der Empfänger Unternehmer ist, gem. § 3a Abs. 3 UStG in dessen Land. Somit ergibt sich aus unternehmerischer Sicht, insbesondere was den zuvor angesprochenen ermäßigten Steuersatz für Standardsoftware angeht ein Gestaltungsspielraum, der an die folgenden Bedingungen geknüpft ist:[103]

(1) Die erbrachten Leistungen müssen die Einräumung von urheberrechtlich geschützten Rechten (§§ 1, 2 Abs. 1 Nr. 1 UrhG) an dem zu erstellenden Programm beinhalten.

(2) Gerade die Einräumung dieser Rechte sollte den Auftraggeber zu einer sinnvollen Verwertung des Programms befähigen.

(3) Die Urheberrechte für das Programm bleiben beim „Auftraggeber"; der „Auftragnehmer" nutzt das Programm nicht in wirtschaftlicher Form aus, sei es durch Vervielfältigung und Weiterveräußerung an Lizenznehmer o.ä.

Als zweite denkbare Katalogleistung kommt die *Überlassung von Informationen (Nr. 5)* in Betracht, worunter die Finanzverwaltung auch die Überlassung von Know-how und nicht standardisierter Software subsumiert.[104] Bei den über das

---

[98] Vgl. Nowak (1995), S. 449ff; Hoppen/Pelzer (1993), S.1778 ff; Flore (1994), S.303 ff.
[99] Vgl. § 69a Abs. 3 UrhG, Klüting (1994), S. 352.
[100] Vgl. Stumpf (1998), S. 34; Hoppen/Pelzer (1993); S. 1779.
[101] Vgl. Nieskens (1996), S. 2658.
[102] Vgl. Flore (1994), S. 304.
[103] Vgl. FG Baden-Württemberg v. 30.6.1994, S. 143; Weilbach/Sender (1997), S. 1317.
[104] Vgl. A 39 Abs. 14 Satz 6 UStR.

Internet vertriebenen Programmen dürfte es sich jedoch im wesentlichen um Standardsoftware handeln, die nicht unter § 3a Abs. 4 Nr. 5 UStG zu fassen ist. Anzumerken ist, daß die Qualifizierung von Standardsoftware als Lieferung aufgrund der durch den Download erfolgenden Entmaterialisierung nicht mehr sachgerecht ist und neu überdacht werden sollte.[105] Konsequenter wäre eine Subsumption sämtlicher Software unter § 3a Abs. 4 Nr. 5 UStG, wenngleich zu prüfen ist, ob die unterschiedliche Besteuerung wirtschaftlich geradezu identischer Leistungen (Verkauf von Software via Internet oder auf herkömmlichen Wege) mit dem Steuersystem zu vereinbaren ist.[106]

Eine Einordnung der heruntergeladenen Software als *Telekommunikationsleistung (Nr. 12)* i.S. einer „Übertragung von Informationen jeglicher Art"[107] ist nicht akzeptabel, da es bei Telekommunikationsleistungen auf die Art der Übertragung und nicht auf deren Inhalt ankommt. Beim Verkauf von Programmen steht gerade der Inhalt im Mittelpunkt, woraus sich eher die Annahme eines Teledienstes ergibt.[108]

Im Ergebnis bleibt somit festzuhalten, daß sich bei Annahme einer sonstigen Leistung der Besteuerungsort derzeit aus § 3a Abs. 1 UStG ergibt und somit heruntergeladene Software von Anbietern aus Drittstaaten (z.B. USA) von deutscher Umsatzsteuer befreit ist.[109] Das hier implizierte ULP widerspricht jedoch der vom EU-Ministerrat geforderten Anpassung an das Empfängerortprinzip. Der EU-Rat hatte vorgeschlagen, den Verkauf sog. virtueller Produkte (Dienstleistungen),

- die zum Verbrauch innerhalb der EU erbracht werden, in der EU zu besteuern;
- die zum Verbrauch außerhalb der EU erbracht werden, nicht in der EU zu besteuern.[110]

In beiden Fällen ist der Leistungsort nicht daran geknüpft, ob der Leistungsempfänger Unternehmer ist, woraus sich bei Durchsetzung dieser Regelung die Notwendigkeit einer Anpassung des § 3a Abs. 3 UStG ergibt.[111]

---

[105] So auch die Ansicht der meisten EU-Staaten lt. Lejeune/Vanham (1998), S. 8.

[106] Vgl. Flore (1998), S. 294; OFD Koblenz v. 22.06.1998, S. 1136.

[107] Vgl. BMF v. 29.04.1997, S. 410 f.

[108] Vgl. Zöllkau/Schilling/Jansen (1998), S. 102.

[109] In diesem Zusammenhang ist es von Bedeutung, ob die Leistung vom Stammhaus oder ggf. von einer Betriebsstätte erbracht wird und dies zu einer Änderung des Leistungsortes führt. Ist dies der Fall, kann bspw. für Anbieter aus Drittstaaten innerhalb der EU eine Registrierung in Italien eine steuergestaltende Möglichkeit bieten, als dort USt-Sätze von 4 -10% für Telekommunikationsleistungen gelten; vgl. Strunk (1998c), S. 227 u. zur Betriebsstättenproblematik Abschnitt 3.2.1.

[110] Vgl. EU-Ministerrat v. 6.07.1998, S. 1591.

[111] Vgl. Welnhofer (1998), S. 1541.

*(2) Annahme eines Download als Lieferung*

Der Leistungsort einer Lieferung richtet sich nach § 3 Abs. 6 bis 8 UStG. Für die Annahme einer Versendungslieferung i.S.v. § 3 Abs. 6 UStG muß der Gegenstand vom Lieferanten oder auch einem Dritten versendet werden. Im Fall des Downloadings kann der Netzbetreiber als Dritter angesehen werden. Als Problem stellt sich die Bedingung heraus, daß der Abnehmer zum Zeitpunkt der Übergabe des Gutes an den zur Versendung Beauftragten bereits feststeht.[112] Dies ist im betrachteten Fall nicht gegeben, da der Liefergegenstand für einen noch unbekannten Abnehmer gewissermaßen beim Beauftragten bereitgestellt wird. Der Abnehmer selbst startet den Übertragungsvorgang für den es dann nicht mehr der Mithilfe des Netzbetreibers bedarf.[113]

Dementsprechend kann von einer Vorverlagerung des Lieferungsortes an den Sitz des Servers nicht ausgegangen werden.

Als Konsequenz müßte § 3 Abs. 7 UStG und somit der Ort der Verschaffung der das Besteuerungsrecht regeln. Als Verfügungsmacht definiert der BFH den von den Beteiligten endgültig gewollten Übergang der wirtschaftlichen Substanz eines Gegenstandes vom Leistenden auf den Leistungsempfänger. Der Abnehmer muß faktisch in der Lage sein, mit dem Gegenstand nach Belieben zu verfahren, insbesondere ihn wie ein Eigentümer zu nutzen und veräußern zu können.[114] Mögliche Lieferungsorte sind der Ort des Servers des Anbieter oder der des Empfängercomputers. Beim Starten der Datenübertragung hat der Verkäufer seinerseits alles Erforderliche getan, um das Eigentum auf den Käufer zu übertragen, was für den Ort des Servers sprechen würde. Die Nutzung des Programms - der Übergang der wirtschaftlichen Substanz – ist für den Empfänger jedoch erst möglich, wenn es auf seinem Computer gespeichert ist. Man dürfte somit eher zu einer Bestimmungslandbesteuerung mit den entsprechenden verfahrenstechnischen Problemen gelangen.[115]

---

[112] Vgl. Bülow (1998), § 3 UStG Rz. 163; Giesberts (1997), § 3 UStG Anm. 520.
[113] Vgl. Welnhofer/Pross (1996), Fach 13 S. 21 f.
[114] BFH v. 12.05.1993, S. 847, A 24 Abs. 2 Satz 1 u. 2 UStR.
[115] Vgl. Zöllkau/Schilling/Jansen (1998), S. 102; Welnhofer/Pross (1996), Fach 13 S. 23.

## 2.5 Einführung einer „Bit-Tax"?

Trotz der derzeit bestehenden Probleme wird von nahezu allen Finanzämtern der Überprüfung und ggf. nötigen Anpassung des vorhandenen Steuerinstrumentariums der Vorrang gegenüber der Einführung einer neuen Steuer gegeben.[116] Dennoch befassen sich die folgenden Ausführung mit der Binary Digit Tax (Bit-Tax), da sie bei einer Aushöhlung des Steuersystems durchaus Realität werden könnte.[117] Erfinder der Bit-Tax sind die Kanadier Arthur Cordell und Thomas Ide, wenngleich sie auf EU-Ebene von Luc Soete angeregt wurde.

Als wirtschaftliches Hauptargument wird von Soete angeführt, daß in der heutigen Geschäftswelt eine Konzentration auf Transaktionen immaterieller Informationen zu beobachten ist, die weitestgehend unsichtbarer Teil von Gütern und Dienstleistungen sind. Dieser wesentliche Teil der Wertschöpfung evaporiere in unbezifferbarer Größenordnung, aber sei in der steigenden Konsumentenrendite sichtbar.[118]

Im Zuge der elektronischen Übertragung von einst materiellen Gütern - welche eine traditionelle Steuergrundlage bildeten - erodiert nun eine maßgebliche Einkunftsquelle der Staaten,[119] die von der Umsatzsteuer nicht ausreichend erfaßt wird. Nach Meinung Soetes ist diese auch gar nicht dazu geeignet, da es im Fall von Informations- und Kommunikationsleistungen schwer ist, einen „Mehrwert" zu ermitteln. Den „Mehrwert" eines Telephongespräches in Form eines gewissen Prozentsatzes der Telephonrechnung zu erfassen, erscheint Soete wenig sinnvoll, da die Kosten keinerlei Beziehung zum möglichen Wert des Gesprächs aufweisen, sondern vielmehr eine Funktion aus der Zeit und Dauer des Telephonates sind. Dagegen hält er die Anzahl der „bits" oder „bytes" als representativeren Ansatzpunkt für die steuerliche Erfassung der Intensität von Informations- und Kommunikationstransaktionen. Ferner rechtfertigt er die Einführung einer Bit-Tax mit dem Argument, es bestehe eine Analogie zwischen der Besteuerung der Autobahnbenutzung - wie es bspw. durch die Kfz- oder Mineralölsteuer erreicht wird - und dem über den *Information Superhighway* abgewickelten Geschäftsverkehr.[120]

---

[116] Vgl. OECD (1998b), S. 4; EU-Ministerrat v. 6.7.1998, S. 1591; US-Treasury (1997), S. 149.

[117] Zur Erinnerung: Die Antwort Faraday´s für einen skeptischen Politiker, der gefragt hatte, wofür die Elektrizität gut sei (Einführung 1831): „Sir, I don´t know what it is good for. But on one thing I am quite certain, some day you will tax it."

[118] Vgl. Soete (1996), „+ S. 2 +".

[119] Im Falle der USA wurde der Verlust an Steuereinnahmen im Jahr 1995 auf $ 3 Mrd. geschätzt, vgl. Newman (1996), S. 24.

[120] Vgl. Soete (1996), „+ S. 2 +".

Die Höhe des Steuersatzes wird nicht explizit genannt, sondern nur auf eine von Cordell vorgeschlagene Höhe von 1 cent pro Megabit verwiesen.[121] Die Bits sollen dabei mittels eines Meßinstruments ermittelt werden, welches analog eines Stromzählers in sämtliche Kommunikationseinrichtungen der Nutzer einzubauen wäre und würde vom Provider des Online-Dienstes erhoben.[122]

Die Reaktionen reichten von Befürwortungen und Vorschlägen zur Durchführung[123] bis hin zu dem, was von einigen schlichtweg das „Loch Ness Steuermonster"[124] genannt wurde. Große Kritik kam vor allem von Seiten der Computerbranche, die darauf hinwies, daß Bits schon in naher Zukunft kein Maßstab für die Übertragungsintensität seien und Breitbandkapazitäten im Endeffekt unerschöpflich würden.[125] Aber auch aus steuerlichen Gesichtspunkten ist die Bit-Tax problematisch, da es voraussichtlich zu einem steuerlichen Zugriff im Quellenstaat bei gleichzeitiger Besteuerung im Wohnsitzstaat käme. Hieraus entstünden erhebliche Schwierigkeiten der Verhinderung von Doppelbesteuerungen.[126] Ferner bewirkt die Bit-Tax eine isolierte Behandlung des E-Commerce in Bezug auf die Umsatzsteuer und würde als Konsequenz der mangelnden Möglichkeit des Vorsteuerabzuges die Neutralität der Besteuerung aufheben. Hinzu käme letzten Endes eine Ungleichbehandlung derselben Geschäfte aufgrund unterschiedlicher Übertragung der Leistung.[127]

## 3 Ertragsteuerrechtliche Aspekte

### 3.1 Besteuerungsrecht bei grenzüberschreitenden Internetgeschäften

Als Ausgangspunkt für die Einkommensbesteuerung sind international zwei Konzepte anerkannt. Dies ist zum einen die Wohnsitzbesteuerung, die von einer Steuererhebung im Wohnsitzstaat ausgeht, und zum anderen das Quellenprinzip, das demjenigen Staat das Besteuerungsrecht einräumt, mit dem das Einkommen die

---

[121] Die Anzahl der von und nach Belgien transferierten Bits wurde auf $10^{18}$ beziffert, was bei Anwendung des Steuersatzes von Cordell Steuereinnahmen in Höhe von $ 10 Mrd. oder 4% des belgischen BSP ausmacht. Bei der Firma HP wurden 1995 über deren Intranet fünf Terabytes pro Monat transferiert, was eine Steuerschuld von $ 4,8 Mio. bedeuten würde und somit weniger als 1% des damaligen Gewinns darstellt; vgl. Ebenda, „+ S. 3 +".

[122] Vgl. Spanakanis (1998), S. 239.

[123] Im Fall des belgischen Ministers für Telekommunikation Di Rupo, vgl. Le Soir v. 6.06.1996.

[124] Vgl. Le Soir v. 11.06.1996.

[125] Vgl. Spanakakis (1998), S. 238 f.

[126] So die Ansicht von Prof. Dr. Lutz Fischer (I.I.F.S. Universität Hamburg) auf der Tagung „Steuerliche Aspekte des Electronic Commerce" vom 11.05.1998.

[127] Vgl. Spanakakis (1998), S. 238 f.

näheste wirtschaftliche Verbindung aufweist.[128] Gerade was die Besteuerung von E-Commerce angeht, hat eine intensive Diskussion darüber begonnen, nach welchem der beiden Prinzipien die Einkommensteuer erhoben werden soll.[129] Mit zunehmendem Einsatz des Internets wird für die Unternehmen die Notwendigkeit einer physischen Präsenz im Land der Kunden reduziert, was einen Vorteil zugunsten des Wohnsitzprinzips bedeutet.[130] Insbesondere Länder mit großem Exportanteil dürften sich somit gegen das Quellenprinzip aussprechen, da sie den Verlust von Steuereinnahmen zu befürchten hätten.[131]

Besondere Betrachtung verdient der Fall der beschränkten Steuerpflicht, welche nur bei Vorhandensein eines Inlandsbezuges angenommen werden darf.[132] Neben den Tatbestandsvoraussetzungen der §§ 13-23 EStG müssen für die beschränkte Steuerpflicht auch die des § 49 EStG erfüllt sein. Welche Einkunftsarten im Rahmen von Internetgeschäften erzielt werden ist nicht abschließend geklärt. In der Literatur werden die transparenten Fälle der Einkünfte aus:

(1) Gewerbebetrieb gem. § 49 Abs. 1 Nr. 2 EStG i.V.m. §§ 15-17 EStG,

(2) Selbständiger Arbeit gem. § 49 Abs. 1 Nr. 3 EStG i.V.m. § 18 EStG,

(3) Vermietung und Verpachtung gem. § 49 Abs. 1 Nr. 6 EStG i.V.m. § 21 EStG,

(4) Sonstige Einkünfte gem. § 49 Abs. 1 Nr. 9 EStG i.V.m. § 22 Nr. 3 EStG diskutiert.[133]

## 3.2 Einkünfte aus Gewerbebetrieb

Zur deutschen Besteuerung eines im Ausland ansässigen Unternehmens (ohne Sitz in Deutschland) kommt es bei beschränkter Körperschaftssteuerpflicht i.S.v. § 2 Nr. 1 KStG, durch die Erzielung inländischer gewerblicher Einkünfte gem. § 8 Abs. 1 KStG i.V.m. § 49 Abs. 1 Nr. 2 Buchstabe a EStG.[134] Als Anknüpfungspunkte für den erforderlichen Nexus kommen sowohl nach deutschem Recht, als

---

[128] Vgl. OECD (1997a), S. 22.

[129] Vgl. dazu Forst (1997), S. 1458-1468.

[130] Vgl. Tillinghast (1996), S. 525.

[131] Vgl. Horner/Owens (1996), S. 519; größter Befürworter der Wohnsitzbesteuerung sind die USA (mit geschätzten 90% aller Websites) , die im E-Commerce führend sind.

[132] Der Fall der unbeschränkten Steuerpflicht unterliegt aufgrund des Welteinkommensprinzips (§ 2 Abs. 1 EStG) ungeachtet seiner Quelle der deutschen Besteuerung; vgl. Strunk (1997), S. 258.

[133] Vgl. Welnhofer/Pross (1996), S. 33-46; Strunk (1997), S. 258 f.

[134] Vgl. Flore (1998), S. 292; Bernütz (1997), S. 354.

auch nach dem der Doppelbesteuerungsabkommen (DBA) eine Betriebsstätte oder ein ständiger Vertreter im Inland in Betracht.[135]

Dabei stellt sich beim E-Commerce insbesondere die Frage, ob durch einen in Deutschland gelegenen Server eine Betriebsstätte begründet wird oder es sich um ein Direktgeschäft handelt.

### 3.2.1 Tatbestandsvoraussetzungen einer Betriebsstätte

Eine Betriebsstätte begründet sich gem. § 12 AO durch eine „feste Geschäftsein-richtung oder Anlage, die der Tätigkeit des Unternehmens dient". Mit dieser De-finition entspricht der deutsche Gesetzgeber weitgehend den abkommensrechtli-chen Bestimmungen, die sich an Art. 5 Abs. 1 OECD-MA orientieren.[136] Im wei-teren Verlauf soll das OECD-MA stellvertretend für deutsche Doppelbesteue-rungsabkommen als Vergleichsbasis dienen, bei abweichenden Regelungen wer-den die jeweiligen Unterschiede aufzeigt.

### 3.2.1.1 Feste Geschäftseinrichtung

Unter dem Begriff der *Geschäftseinrichtung* versteht man das Vorhandensein ei-nes körperlichen Gegenstandes. Die Unterscheidung von der *Anlage* zeichnet sich nur durch eine geringere Größe bzw. eine mehr kaufmännische als technische Natur aus.[137] Dazu muß die Geschäftseinrichtung nicht in Form einer Räumlich-keit[138] bestehen, sondern kann bereits durch Plakatsäulen oder Verkaufsautomaten eine Betriebsstätte begründen.[139]

Das Wort *fest* bringt zum einen die notwendige Verbindung mit der Erdoberfläche zum Ausdruck. Dieses Kriterium muß nicht zwingender Weise durch eine mecha-nische Verbindung erbracht werden, sondern ist auch bei einer mobilen Ge-schäftseinrichtung erfüllt.[140] Zum anderen ist, wie der englische Begriff *perma-nent* aufzeigt, auch auf eine gewisse Dauerhaftigkeit abzustellen.[141] Um welchen Zeitraum es sich dabei handeln muß, ist umstritten. Der BFH setzte in seinem Urteil aus dem Jahre 1993 eine Mindestzeitspanne von 6 Monaten fest.[142] In der

---


[135] Vgl. OECD (1997b), S. 4.

[136] Auch das US-MA u. UN-MA haben im wesentlichen dieselbe Definition, vgl. Görl (1996), Art. 5 OECD-MA, S. 402f.

[137] Vgl. Tipke/Kruse (1996), § 12 AO Tz. 1a.

[138] Die Geschäftseinrichtung kann sich auch in den Räumlichkeiten eines anderen Unternehmens befinden, vgl. Prinz (1998), S. 436 sowie Ausführungen unter Abschnitt 3.2.1.2.

[139] Vgl. Schwarz (1998), § 12 AO Rz. 4.

[140] Vgl. Günkel (1997) Art. 5 OECD-MA Rdnr. 74; Görl (1996), Art. 5 OECD-MA Rz. 24.

[141] Vgl. BFH v. 3.02.1993, S. 462, 464.

[142] Vgl. § 12 Satz 2 Nr. 8 AO; BFH v. 19.03.1993, S. 655 f.

Literatur werden unterschiedliche Grenzen gezogen, die von 9-12 Monaten ausgehen.[143]

Ein Server, die notwendigen Telekommunikationseinrichtungen, der Computer
des Nutzers und die Geschäftseinrichtung eines deutschen Zugangsanbieters erfüllen diese Voraussetzungen. Sicherlich scheidet eine Homepage, die sich der Nutzer nur kurzzeitig auf seinen Computer lädt, sowohl mangels physischer Beschaf-
fenheit als auch zeitlicher Dauerhaftigkeit aus.[144]

### 3.2.1.2 Verfügungsmacht

Als nächstes Tatbestandsmerkmal einer Betriebsstätte kommt hinzu, daß der ausländische Unternehmer eine nicht nur zeitweilige Verfügungsmacht über die Geschäftseinrichtung hat.[145] Dazu ist es nicht notwendig, daß die Anlagen im Eigentum des Unternehmers stehen. Vielmehr sind vertraglich eingeräumte Nutzungs-
möglichkeiten, wie sie sich aus einem Miet- oder Pachtvertrag ergeben ausreichend.[146] Ausschlaggebend ist eine Rechtsposition, die dem Unternehmen nicht
ohne weiteres genommen werden kann.[147]

Ohne Zweifel hat der Inhaltsanbieter die angesprochene Rechtsposition, sofern er
(Mit-) Eigentum am inländischen *Internet-Server* besitzt. Gehört der Server einem
ISP, der mehreren Inhaltsanbietern Kapazitäten vermietet, kommt es darauf an,
daß dem Mitbenutzungsrecht materielle Bedeutung beigemessen wird.[148] Davon
kann man sowohl bzgl. des vermieteten Speicherplatzes als auch der Übertra-
gungskapazitäten ausgehen.[149] Den Zugang zu den zum Datentransfer nötigen
*Telekommunikationseinrichtungen* erlangt der Inhaltsanbieter durch einen Access-
Provider, der wiederum entweder selbst im Besitz von Leitungen ist oder sie von
Telefongesellschaften mietet. Auch wenn dadurch für den Inhaltsanbieter eine
indirekte Nutzungsmöglichkeit der Leitungen besteht, kann, wie auch bei anderen
Geschäften, die sich z.B. des Telephonnetzes bedienen, keine Verfügungsmacht
angenommen werden.[150]

---

[143] Vgl. Jacobs (1995), S. 246; Kumpf (1982), S. 33.
[144] Vgl. Bernütz (1997), S. 355; Horner/Owens (1996), S. 518, Gummert/Trapp (1998b), S. 353.
[145] Vgl. Görl (1996), Art. 5 Rz. 25, BFH v. 17.03.1982, S. 624; BFH v. 28.08.1986, S. 162.
[146] Vgl. Birk (1995), § 12 AO Rz. 16; BFH v. 19.03.1981, S. 540; BFH v. 28.10.1977, S. 117.
[147] Vgl. Günkel (1997), Art. 5 OECD-MA Rdnr. 93f.; BFH v. 11.10.1989, S. 166 f; BFH v.
16.05.1990, S. 983 f.
[148] Vgl. Gummert/Trapp (1998b), S. 353.
[149] Vgl. Portner (1998), S. 556; Gummert/Trapp (1998b), S. 353; strittig lt. Bernütz (1997), S. 355.
[150] Vgl. Forst (1997), S. 1468.

Auch beim *Computer des Nutzers* ist die Verfügungsmacht abzulehnen, da ausschließlich der Kunde über eine Datenübertragung entscheidet und der Inhaltsanbieter keine diesbezügliche Rechtsposition besitzt.[151] In diesem Zusammenhang scheinen die vergleichbaren Fälle der Briefsendung oder des Telephonmarketing angebracht, bei denen ebenfalls keine Verfügungsmacht über Briefkasten bzw. Telephon des Kunden von Seiten des Unternehmens angenommen wird.[152] Auch die Verfügungsgewalt über eine *Website* hat der Inhaltsanbieters nur, solange sich diese bzw. die in ihr enthaltenen Informationen auf dem von ihm genutzten Server befinden. Für die auf den Arbeitsspeicher des Nutzers geladene Webpage hat der ausländische Inhaltsanbieter keine Verfügungsmacht.[153]

### 3.2.1.3 Tätigkeitsausübung

§ 12 AO schreibt des Weiteren vor, daß die Geschäftseinrichtung der Tätigkeit des Unternehmens *dienen* muß. Hierzu ist im Einzelfall die Art der Anlage daraufhin zu prüfen, ob sie den Unternehmenszweck fördert.[154] Unerheblich für die Beurteilung ist die Art der ausgeführten Tätigkeit sowie die Einordnung als Haupt- bzw. Hilfs-/Nebentätigkeit.[155]

In diesem Zusammenhang stellt sich insbesondere für Internetgeschäfte die Frage, ob gegebenenfalls ein Server bzw. die Datenleitungen auch ohne den Einsatz von Personal den Anforderungen des § 12 AO entsprechen.[156] Als vergleichbarer Fall wird in der Literatur[157] das sog. Pipeline-Urteil[158] des BFH vom 30.10.1996 herangezogen. In diesem Urteil entschied die höchste deutsche Steuerinstanz, daß eine im Inland verlaufende Pipeline eines niederländischen Unternehmens auch ohne den Einsatzes von Personal eine inländische Betriebsstätte i.S.d. § 12 AO begründet. Die Firma transportierte ausschließlich ihr nicht gehörendes Öl zu inländischen Abnehmern und unterhielt im Inland kein weisungsgebundenes Personal. Die Rohrleitungen im Inland wurden durch einen in den Niederlanden befind-

---

[151] Vgl. Gummert/Trapp (1998b), S. 353.

[152] Vgl. Strunk (1998c), S. 195.

[153] Vgl. Bernütz (1997), S. 355.

[154] Vgl. Tipke/Kruse (1996), § 12 AO Tz. 8.

[155] Vgl. Birk (1995), § 12 AO Rz. 22.

[156] So befand das österreichische BMF 1996, daß ein britisches Unternehmen, welches seine Informationsangebote mittels einer Webseite auf einem in Österreich befindlichen Server anbot, der österreichischen Steuerpflicht unterliegt; vgl. O.V. (1996), S. 462.

[157] Vgl. u.a. Welnhofer/Pross (1996), Fach 13 S. 37 f; Bernütz (1997), S. 356; Prinz (1997), S. 522.

[158] Eine Übertragung des Pipeline-Urteils auf das Internet scheint insbesondere dann möglich, wenn digitalisierbare Waren direkt vom Content Provider an den Nutzer geliefert werden, vgl. Portner (1998), S. 553.

lichen Rechner zentral ferngesteuert und die technische und kaufmännische Verwaltung befand sich ausschließlich in den Niederlanden.[159]

Begründet wurde der deutsche Steueranspruch u.a. damit, daß die feste Geschäftseinrichtung - in diesem Fall die inländische Rohrleitung - der Tätigkeit des Unternehmens insoweit dient, als der Unternehmer an bzw. mit ihr unternehmerisch tätig wird. Dazu ist der Einsatz von Personal in oder an der Geschäftseinrichtung nicht erforderlich, sondern es genügt (insbesondere bei vollautomatischen Maschinen) das Tätigwerden des Unternehmers mit der Geschäftseinrichtung.[160]

Die Kritik an diesem Urteil stützt sich u.a. auf einen Unterschied zwischen § 12 AO und Art. 5 Abs. 1 OECD-MA, der darin besteht, daß es dem deutschen Gesetzgeber genügt, wenn die Geschäftseinrichtung dem Unternehmen *dient*, wohingegen nach dem Musterabkommen die Ausübung der Tätigkeit des Unternehmens *durch* die Einrichtung erfolgen muß.[161] Während § 12 AO noch dahingehend ausgelegt werden kann, daß ein „passives" Dienen für die Unternehmenstätigkeit genügt, deutet das Musterabkommen eher auf die Notwendigkeit des „aktiven" Tuns von Personen in der Geschäftseinrichtung hin.[162] Zwar ist auch nach der völkerrechtlichen Norm die Erbringung der Tätigkeit durch Maschinen möglich, aber in diesem Fall schreibt das OECD-MA vor, daß das Personal (oder ein ständiger Vertreter) über die Aufstellung hinweg in Form von Bedienung, Überwachung und Instandhaltung tätig werden muß.[163]

Ein Vergleich zwischen Verkaufsautomat und Server zeigt, daß beim erstgenannten der Kunde die Ware mit der Zahlung erhält, wohingegen die über das Internet bestellte Ware erst noch geliefert werden muß.[164] Meines Erachtens, ist bei einem Download der Zeitpunkt der Warenübergabe mit dem des Verkaufsautomaten vergleichbar, da die elektronisch transferierten Daten unmittelbar nach Bezahlung auf der Festplatte des Käufers gespeichert werden. Ein weiterer Analogiepunkt kann in der Wartung beider Maschinen gesehen werden. Diese konkretisiert sich im Falle des Verkaufsautomaten durch ein regelmäßig notwendiges Auffüllen und beim Server durch die Aktualisierung der Angebote.[165] Demnach könnte eine Gleichstellung gerechtfertigt sein und ein in Deutschland gelegener Server eine

---

[159] Vgl. zu diesem Abschnitt: Welnhofer/Pross (1996), Fach 13 S. 37.
[160] Vgl. Tipke/Kruse (1996), § 12 AO Tz. 8; Birk (1995), § 12 AO Rz. 22.
[161] Vgl. Günkel (1997), Art. 5 OECD-MA Rdnr. 84; Gummert/Trapp (1998b), S. 351.
[162] Vgl. Günkel (1997), Fach 3a Gruppe 1 S. 589; Portner (1998), S. 554.
[163] Vgl. MA-Kommentar, Ziff. 10 zu Art. 5 Abs. 1.
[164] Vgl. Geibel (1996), S. 10.
[165] Vgl. Ebenda.

Betriebsstätte begründen.[166] In diesem Fall kommt es neben der Einkommens- bzw. Körperschaftsteuerpflicht, auch zu einer gewerbesteuerlichen Belastung des ausländischen Unternehmens.[167]

Abzulehnen ist die Betriebsstätteneigenschaft jedoch dann, wenn der Server nur Hilfs- oder vorbereitende Tätigkeiten ausführt, wie z.B. die Lagerung, Ausstellung oder Auslieferung von Gütern.[168] Ob eine darüberhinausgehende Kundenberatung, der automatisierte Vertragsabschluß und die Auslieferung ausreichen, um den Server als Betriebsstätte zu qualifizieren, ist umstritten. Im Zuge der wettbewerbsneutralen Besteuerung von Internetgeschäften ist der Server eines Anbieters virtueller Programme wohl das Pendant zum Warenlager eines herkömmlichen Softwareverkäufers.[169] Dessen Einkommen wird auch bei Vorhandensein eines im Ausland gelegenen Lagers von der deutschen Besteuerung erfaßt.[170] Als Vorbereitungs- oder Hilfstätigkeit werden ferner Geschäftseinrichtung angesehen, die nur dem Einkauf und der Informationsbeschaffung dienen. Letztere ist bspw. das Betreiben wissenschaftlicher Forschung oder die Beschaffung marktrelevanten Daten zur Durchführung von Werbekampagnen.[171] Daraus könnten sich Probleme für Agenturen ergeben, die weltweit Informationen einkaufen und sie an das Stammhaus weiterleiten.[172]

Meines Erachtens ist ein eindeutiges Urteil über die Begründung einer Betriebsstätte durch einen Server bei der momentanen Gesetzeslage nicht möglich und sich generell die Frage nach einem Ersatz für das Betriebsstättenprinzip stellt.[173] Nach DBA-Recht dürfte eine solche Annahme derzeit eher abzulehnen sein, wohingegen nach nationalem Recht dies durchaus denkbar erscheint.[174] Sollte sich international die Annahme einer Betriebsstätte durchsetzen, ergeben sich erhebli-

---

[166] Vgl. Welnhofer (1996), Fach 13 S. 38, Geibel (1996), S. 10; Bernütz (1997), S. 356.

[167] Vgl. § 2 Abs. 1 Satz 3 GewStG.

[168] Vgl. OECD-MA Art. 5 Abs. 4; Absatz 4 ist somit eine „lex specialis" zu den vorhergehenden Absätzen, welche die Legitimation des Besteuerungsrechtes für den Nichtansässigkeitsstaat verweigert, da die notwendige enge Verbindung der Betriebsstätte zum Betriebsstättenstaat fehlt.

[169] Vgl. Holler (1998), S. 772 f.; Forst (1997), S. 1470.

[170] Vgl. § 12 Satz 2 Nr. 5 AO qualifiziert ein Warenlager nach deutschem Recht als Betriebsstätte; insofern ist § 12 AO weiter gefaßt als Art. 5 OECD-MA.

[171] Vgl. Art. 5 Nr. 23 OECD-MA Kommentar.

[172] Vgl. Strunk (1998c), S. 199.

[173] Bspw. wird derzeit ein Wechsel vom Ort der Betriebsstätte zu dem der physischen Produktion diskutiert, vgl. OECD (1998b), S. 25.

[174] So auch Owens J. (Head of Fiscal Affairs OECD): "It is likely that Internet business activity (...) carried on through a server (...) would not in itself constitute a permanent establishment."; vgl. Hinnekens (1998), S. 63; York (1998), S. 293.

che steuerliche Gestaltungsmöglichkeiten im Sinne einer Verlagerung des Servers in Niedrigsteuerländer.[175]

### 3.2.2 Definition des ständigen Vertreters

Kommt man zu dem Urteil, daß die Annahme einer Betriebsstätte zu verneinen ist, so kann ein ausländischer Anbieter gem. § 49 Abs. 1 Nr. 2 EStG dennoch steuerpflichtig werden, wenn für ihn im Inland ein ständiger Vertreter bestellt ist. Der Begriff des ständigen Vertreters wird durch § 13 AO definiert. Ein ständiger Vertreter ist bei natürlichen und juristischen Personen anzunehmen, die nachhaltig Geschäfte eines Unternehmens besorgen und dabei dessen Sachweisungen unterliegen. Als Tätigkeiten kommen z.B. der Abschluß von Verträgen, die Vermittlung von Aufträgen sowie die Auslieferung von Gütern oder Waren in Betracht.[176] Die Geschäftsbesorgung ist nachhaltig, wenn die Beziehung zwischen Vertreter und Unternehmer nicht nur für den Einzelfall besteht, und die Tätigkeit des Vertreters von gewisser Dauer ist.[177]

Im Hinblick auf Geschäfte im Internet ist zu prüfen, ob ein Provider oder Telekommunikationsunternehmen als ständiger Vertreter eines im E-Commerce tätigen Unternehmens angesehen werden kann. Dazu müßten die von ihnen ausgeführten Dienstleistungen unmittelbar dessen Unternehmenszweck dienen.[178] Die vom Telekommunikationsunternehmen bereitgestellte Datenleitung dürfte dazu kaum ausreichen, da sie nur sehr indirekt zur Erfüllung der Geschäfte beiträgt.[179] Ebenso fraglich ist, ob die Zugangsverschaffung eines Access Providers zu den Tätigkeiten des § 13 AO zählt. Die Rechtsfolge des § 13 AO ist nicht bei sog. Hilfsgeschäften anzunehmen, unter die i.d.R. auch die von Providern ausgeführten Leistungen wie etwa die Schaltung von Werbung oder Einrichtung einer Homepage zu subsumieren sein dürfte.[180] Abgesehen von der ggf. als Hilfs- oder Nebentätigkeit einzuordnenden Leistung ist die Annahme eines ständigen Vertreters nicht haltbar, da weder Provider noch Telekommunikationsunternehmen den Sachweisungen des Inhaltsanbieters unterliegen.[181]

---


[175] Vgl. Kessler (1998), S. 235; OECD (1998b), S. 24.

[176] Vgl. § 13 Satz 2 AO.

[177] Vgl. Birk (1995), § 13 AO Rz. 9.

[178] Ebenda, Rz. 8.

[179] Vgl. Strunk (1998c), S. 202.

[180] Vgl. Welnhofer/Pross (1996), Fach 13 S. 41 f; Strunk (1998c), S. 202.

[181] Vgl. Strunk/Zöllkau (1998b), S. 610.

Teilweise wird auch in Erwägung gezogen, ob eine sog. „intelligente Homepage" (*smart software*), die als quasi-elektronischer Vertreter mit Abschlußvollmacht Geschäfte für das Unternehmen ausführt, eine beschränkte Steuerpflicht i.S. eines ständigen Vertreters begründen kann. Dazu ist anzumerken, daß i.d.R. nur eine natürliche oder juristische Person die dazu notwendige Willenserklärung abgeben kann.[182] Selbst die Argumentation, die Software erfülle Funktionen wie bspw. ein Angestellter, ist nicht stichhaltig, da ein Programm nicht ohne die notwendige Programmierung (welche von einer natürlichen Person vorgenommen wird) Verträge schließen kann.[183] Demzufolge ist eher eine virtuelle GE anzunehmen, die nicht als eigene Person angesehen werden kann, und somit der Unternehmer selbst unter Benutzung technischer Hilfsmittel tätig wird.[184]

Befindet sich das ausländische Unternehmen in einem Staat, mit dem Deutschland ein DBA geschlossen hat, so sind gem. Art. 5 Abs. 5 OECD-MA die Rechtsfolgen einer Betriebsstätte analog anzuwenden. Danach ist ein ständiger Vertreter nur dann begründbar, wenn die Person

- nicht unabhängiger Vertreter i.S.d. Art. 5 Abs. 6 OECD-MA ist,
- im Vertragsstaat mittels Vollmacht im Namen des Unternehmens Verträge abschließt,
- diese Vollmacht für gewöhnlich dort ausübt und
- es sich nicht um Tätigkeiten des Negativkataloges in Art. 5 Abs. 4 OECD-MA handelt.

Wegen dieser Einschränkungen ist der abkommensrechtliche Vertreterbegriff sehr viel enger gefaßt als die Definition des § 13 AO. Ist nun der Vertreter mit Abschlußvollmacht für das Unternehmen tätig, wobei z.B. die zwischen Providern und Anbietern geschlossenen Verträge i.d.R. keine solche Vollmacht enthalten[185], stellt sich die Frage, ob die Auftragsbeschaffung, Vertragsvermittlung oder Warenlagerung bzw. –auslieferung bei Anwendung des DBA genügen oder ob es sich lediglich um Hilfs- bzw. Nebentätigkeiten des Unternehmens handelt.[186]

---

[182] Vgl. Prinz (1998), S. 436.
[183] Vgl. Horner/Owens (1996), S. 518.
[184] Vgl. Strunk (1998c), S. 202 f.
[185] Vgl. Verlinden/Verbeken (1998), S. 52.
[186] Vgl. Strunk (1998c), S. 202.

### 3.3 Einkünfte aus selbständiger Arbeit

Die Einkünfte eines ausländischen selbständig Tätigen, z.B. die der Freiberufler[187], werden von § 49 Abs. 1 Nr. 3 EStG erfaßt. Als Tatbestandsmerkmale müssen im Gegensatz zu den geographischen Anknüpfungspunkten der gewerblichen Einkünfte die Ausübung bzw. Verwertung der Tätigkeit im Inland erfüllt sein.

Als *Ausübung* wird das persönliche[188] Tätigwerden des Steuerpflichtigen im Inland angesehen, sofern er sich dort physisch aufhält.[189] Freiberufler, die ihre Leistungen über das Internet anbieten, erfüllen diese Voraussetzungen nur dann, wenn der elektronischen Geschäftsanbahnung später die Ausführung der Leistung durch persönliche und körperliche Präsenz des Anbieters im Inland folgen würde.[190] Davon ist bei der Art der von Freiberuflern angebotenen Dienstleistungen (z.B. beratende Leistungen von Steuerberater, Anwälten und Ärzten) nicht auszugehen, weshalb sich der Ort der Ausübung bei Nutzung eines Internet-Servers zur Übermittlung der Leistung an einen Kunden nicht ins Inland verlagert, sondern im Ausland bleibt, wo die maßgeblichen Tätigkeiten erbracht werden.[191]

Subsidiär führt auch die *Verwertung* der Arbeit im Inland zur beschränkten Steuerpflicht; diese setzt einen über die Arbeitsleistung hinausgehenden Vorgang voraus. Darunter wird die Inlandszuführung eines körperlichen oder geistigen Arbeitsproduktes durch den Steuerpflichtigen verstanden.[192] Dabei könnte es sich bspw. um die Lieferung von Marktanalyseberichten oder medizinischen Gutachten handeln,[193] deren elektronische Übersendung keine steuerlichen Besonderheiten mit sich bringt.

Weitere Tatbestandsmerkmale kommen hinzu, wenn der ausländische Selbständige seinen Sitz in einem Land unterhält, mit dem Deutschland ein DBA vereinbart hat. Die dem Art. 14 OECD-MA folgenden deutschen DBA beschränken die unilaterale Besteuerung im Quellenstaat der Einkünfte durch die Bedingung einer „festen Einrichtung" des Freiberuflers im Inland.[194] Ferner rechtfertigt die bloße

---

[187] Die Dienstleistungen der Juristen und Wirtschaftsprüfer werden zunehmend im Internet angeboten, vgl. http://www.dds.nl/dekreek.

[188] Eine Erzielung von Einkünften i.S.d. § 49 Abs. 1 Nr. 3 EStG ist bei ausländischen Kapitalgesellschaften ausgeschlossen, da keine persönliche Ausübung erfolgt, vgl. BFH v. 23.5.1973, S. 287 u. BFH v. 1.12.1982, S. 213.

[189] Vgl. Lüdicke (1997), § 49 EStG Anm. 545; Heinicke (1998), § 49 EStG Rz. 46.

[190] Vgl. Welnhofer/Pross (1996), Fach 13 S. 44.

[191] Vgl. Strunk/Zöllkau (1998b), S. 611.

[192] Vgl. Heinicke (1998), EStG § 49 Rz. 48.

[193] Vgl. Kumpf (1996), § 49 EStG Anm. 647; Heinicke (1998), EStG § 49 Rz. 48.

[194] Vgl. Art. 14 Nr. 1 OECD-MA.

Erfüllung des Verwertungstatbestands i.S.v. § 49 Abs. 1 Nr. 3 EStG nicht die Besteuerung einer ausländischen Leistung. Da auch nach dem Musterabkommen die Ausübung nur in dem Land stattfinden kann, in dem der Tätige physisch anwesend ist, scheidet eine Besteuerung der übertragenen Leistungen eines Internet-Servers in Deutschland aus.[195]

## 3.4 Einkünfte aus Vermietung und Verpachtung

Einkünfte aus Vermietung und Verpachtung i.S.d. § 49 Abs. 1 Nr. 6 EStG sind steuerpflichtig, wenn z.B. die übertragenen Rechte oder Wirtschaftsgüter in einer deutschen Betriebsstätte oder einer anderen Einrichtung verwertet werden. Unter *Verwerten* von Rechten ist i.d.R. ein Nutzen, Benutzen oder Gebrauchen im Rahmen eigener Tätigkeit zu verstehen, wobei es nicht auf die Verwertung durch den Steuerpflichtigen selbst, sondern durch den dazu Berechtigten ankommt.[196] Insoweit unterscheidet sich der Verwertungstatbestand des § 49 Abs. 1 Nr. 6 EStG von dem des § 49 Abs. 1 Nr. 3 EStG.

Einkünfte eines ausländischen Unternehmens mit Betriebsstätte in Deutschland, werden bereits gem. § 49 Abs. 1 Nr. 2 EStG besteuert. Zu einer Anwendung des § 49 Abs. 1 Nr. 6 EStG kann es kommen, wenn das Unternehmen seine Leistung direkt an den inländischen Kunden übermittelt.[197] Die Hinzunahme des Tatbestandes einer *anderen Einrichtung* zeigt, daß es sich nicht zwingend um eine gewerblich feste Geschäftseinrichtung handeln muß.[198] Die private Nutzung ohne Gewinnerzielungsabsicht führt beim Mieter zu keiner Steuerpflicht, was in der Praxis zu verfahrensrechtlichen Problemen führt, da es für ein Unternehmen schwer festellbar sein dürfte, ob seine Kunden die erhaltene Leistung für private oder betriebliche Zwecke nutzen.[199] Somit werden Geschäfte im Internet, wie etwa die Nutzung von technischem bzw. gewerblichem Wissen aus Datenbanken oder die Nutzungsüberlassung von Software[200] (gegen Zahlung einer Lizenz), unter Einkünfte aus Vermietung und Verpachtung fallen.[201] Entscheidend für die Einordnung des Softwareverkaufs ist, ob darin die Überlassung von Rechten des

---

[195] Vgl. Heinicke (1998), EStG § 49 Rz. 18.

[196] Vgl. Klein (1996), § 49 EStG Anm. 955; Eicher (1998), § 49 EStG Anm. 85.

[197] Vgl. Welnhofer/Pross (1996), Fach 13 S. 45.

[198] Der Gesetzgeber wollte dadurch keinesfalls eine Auffangvorschrift für die einer inländischen Betriebsstätte nicht zurechenbaren Einkünfte schaffen, vgl. Lüdicke (1997), § 49 EStG Anm. 754; Strunk/Zöllkau (1998b), S. 611.

[199] Vgl. Strunk (1997), S. 259.

[200] Vgl. zur Rechtsnatur der Nutzungsüberlassungsverträge Stapperfend (1991), S. 101-104.

[201] Vgl. Ebenda.

Urheberrechtsgesetzes zu sehen ist.[202] Sofern keine urheberrechtlichen Nutzungs-
rechte übertragen werden, ist keine Steuerpflicht i.S.v. § 49 Abs. 1 Nr. 6 EStG
begründbar.[203]

### 3.5  Sonstige Einkünfte

Eine weitere Möglichkeit der Subsumption für Softwarevergütungen bzw. Know-
how bietet § 49 Abs. 1 Nr. 9 EStG i.V.m. § 50a Abs. 4 Nr. 3 EStG.[204] Der Geset-
zestext spricht allerdings nur von Entgelten, die für die „ (...) Überlassung der
Nutzung oder des Rechtes auf Nutzung von Rechten, insbesondere Urheberrechten (...)" gezahlt werden.[205] Diese Formulierung läßt vermuten, daß weder Vergütungen für die Veräußerung des urheberrechtlichen Vollrechtes, noch Entgelte für
die Erlaubnis einer reinen Nutzungsbefugnis eine beschränkte Steuerpflicht begründen.[206] Diese Ansicht wird jedoch nicht von der Finanzverwaltung geteilt, die
in beiden Fällen das Vorliegen sonstiger Einkünfte annimmt. Somit kommt es
zum Steuerabzug gem. § 50a Abs. 4 Nr. 3 EStG.[207] Unbeachtlich ist hierbei die
Art und Weise der Übertragung des Programms, sei es per Diskette oder Internet.[208]

Ebenso stellt sich nach DBA-Recht die Frage, ob es bei via Internet verkauften
Produkten (Audio-, Video-, Softwareprodukte) zu Lizenzeinkünften gemäß
Art. 12 Abs. 2 OECD-MA kommt. Lizenzgebühren werden als „ (...) Vergütungen
jeder Art, die für die Benutzung oder das Recht auf Benutzung von Urheberrech-
ten (...)" gezahlt werden definiert.[209] Folglich ist eine Subsumption der Lizenzge-
bühren für Software unter diese Definition denkbar.[210] Als Konsequenz würden
Steuern auf Einnahmen aus Lizenzüberlassung i.d.R. (Ausnahmen bestehen bei
Betriebsstätten, vgl. Art. 12 Abs. 3 OECD-MA) nur im Ansässigkeitsstaat des
Lizenzgebers erhoben, insbesondere wenn nach DBA-Recht keine Einbehaltung
einer Quellensteuer vorgesehen ist.[211] Zu einer anderen Ansicht muß bei Ausle-

---

[202] Vgl. hierzu Abschnitt 2.4.2.

[203] Vgl. Heinicke (1998), EStG § 49 Rz. 77.

[204] Vgl. Heinicke (1998), EStG § 49 Rz. 94 und EStG § 50a Rz. 9; BFH v. 20.07.1988, S. 99;
Bünning (1997), S. 723.

[205] Vgl. § 50a Abs. 4 Nr. 3 EStG; § 49 Abs. 1 Nr. 9 EStG spricht jedoch nur von der Überlassung
bestimmter Erfahrungen u. Kenntnisse, die bei einer Softwareüberlassung meist nicht übertragen werden, vgl. Bünning (1997), S. 724.

[206] Vgl. Bünning (1997), S. 724.

[207] Vgl. Kumpf (1996), EStG § 50a Anm. 250; Heinicke (1998), EStG §50 Rz. 92.

[208] Vgl. Van der Laan (1991), S. 267.

[209] Vgl. Art. 12 Abs. 2 OECD-MA.

[210] Vgl. Pöllath (1996), Art. 12 Rdnr. 53b; Bünning (1997), S. 725.

[211] Vgl. Art. 12 Abs. 1 OECD-MA; Kessler (1998), S. 236.

gung der Nrn. 12 bis 17 des MA-Kommentars[212] zu Artikel 12 OECD-MA kommen, da

(1) Zahlungen für eine Teilübertragung von Rechten (z.B. einem bloßen Nutzungsrecht ) an der Software nur in Sonderfällen zur Annahme einer Lizenzgebühr führten und

(2) Vergütungen für die Veräußerung der an Software bestehenden Rechte bei Übertragung des Vollrechts keine Lizenzgebühr darstellten.[213]

Unter den Anwendungsbereich des Art. 12 OECD-MA fallen somit die Sonderfälle, in denen der Verkäufer, der selbst Urheber der Software ist, einen Teil seiner Rechte zur gewerblichen Weiterentwicklung oder Verwertung des Programms überträgt.[214] Dies hat zur Folge, daß die Fälle (1) und (2) unter Art. 7 oder 14 OECD-MA zu subsumieren sind, die das Besteuerungsrecht des Quellenstaates ausschließen.

Die OECD hat nun anläßlich einer Konferenz zum E-Commerce vom 7.-9. Oktober 1998 in Ottawa eine Neufassung der Nrn. 12 bis 17 erarbeitet,[215] die jedoch noch nicht vom Fiskalkommitee genehmigt wurde. Demnach ist die Art des übertragenen Rechtes für die Einordnung als Lizenz ausschlaggebend. Als Lizenzeinkünfte qualifizieren sich die Zahlungen aus dem Softwareverkauf nur in Fällen, in denen die entsprechenden Urheberrechte (vor allem die Überlassung des Rechtes auf bearbeitete oder unbearbeitete Reproduktion und Weiterveräußerung) betroffen sind. Eine Übertragung dieser Rechte kann nicht aus der Art der Übermittlung, bspw. einer elektronischen Lieferung, abgeleitet werden.[216]

## 4 Möglichkeiten der Steuergestaltung

### 4.1 Vorabüberlegungen

Aus steuergestalterischen Gesichtspunkten ist die Standortwahl des Internet-Servers im Hinblick auf zwei Aspekte interessant. Zum einen können sich Inhaltsanbieter im Internet einen - aus der niedrigeren bzw. fehlenden Umsatzsteuer ergebenden - Wettbewerbsvorteil verschaffen. Dazu empfiehlt es sich die Betriebsstätte in einem Steuerparadies zu errichten, in dem keine Umsatzsteuern zu zahlen

---

[212] Stand vom 23. Juli 1992.
[213] Vgl. Art. 12 Nr. 13 u. 15 OECD-MA Kommentar.
[214] Vgl. Art. 12 Nr. 13 OECD-MA Kommentar; De Hosson (1992), S. 686.
[215] Vgl. OECD (1998c), S. 3-6.
[216] Vgl. Weninger (1998), S. 562.

sind.[217] Andererseits sollen die aus der Vertriebstätigkeit im Ausland erzielten Einkünfte durch den Internet-Server von der inländischen Besteuerung ausgenommen werden. Vor dem Hintergrund der grenzüberschreitenden Steuerverlagerung ist die erste Voraussetzung, daß ein Internet-Server auch im Ausland eine Betriebsstätte begründet.[218] Wie die Ausführungen in Abschnitt 3.2.1 gezeigt haben, empfiehlt es sich einen eigenen Server im Ausland zu unterhalten und durch Abschluß eines Vertrages mit einem ortsansässigen Unternehmen – das Instandhaltungs- und Programmiertätigkeiten übernimmt – die Tätigkeitsausübung durch den Server zu garantieren.[219] Auf diesem Wege können sich Steuerersparnisse durch den Vertrieb der angebotenen Leistungen aus DBA-Ländern mit niedrigem Steuerniveau ergeben.[220] Je nach Gestaltung des Abkommens ist insbesondere die Rechtsform des deutschen Unternehmens zu beachten, da das Besteuerungsrecht diesbezüglich unterschiedlich ausfallen kann.[221]

Daraus entsteht die Möglichkeit einer Optimierung der Vertriebstruktur anhand einer „ceteris paribus-Betrachtung", bei der nur die steuerlichen Einflußgrößen relevant sind und keine weiteren betriebswirtschaftlichen oder rechtlichen Faktoren einbezogen werden.[222] Die steuerliche Gestaltung wird durch die allgemeinen Mißbrauchsvorschriften des § 42 AO sowie § 1 AStG, der zur Sicherstellung angemessener Verrechnungspreise geschaffen wurde eingeschränkt.[223]

Im folgenden werden zwei Möglichkeiten zur Optimierung der Vertriebsstruktur über einen Internet-Server betrachtet:

(1) Vertrieb vom Inland ins Ausland

(2) Vertrieb vom Ausland ins Inland

---

[217] Dieser Punkt beschränkt sich auf eine reine Betrachtung der USt-Sätze und wird daher nicht näher untersucht.

[218] Da diese Frage nicht abschließend geklärt ist, empfiehlt es sich alternativ die Gründung einer Tochtergesellschaft in Betracht zu ziehen, die den Speicherplatz für die Homepage anmietet.

[219] Vgl. Schumann (1997), S. 118.

[220] Die meisten DBA folgen dem sog. Betriebsstättenprinzip, wodurch bei zugrundeliegender Freistellungsmethode lediglich eine Besteuerung der Einkünfte im Ausland erfolgt; vgl. Prinz (1998), S. 434 f; Flore (1998), S. 292.

[221] Für deutsche Kapitalgesellschaften bieten sich insbesondere die USA, Niederlande, Großbritannien und Schweden an, vgl. Schumann (1997), S. 118.

[222] Es wird angenommen, daß es sich bei dem Unternehmen um eine Kapitalgesellschaft handelt, deren Beteiligung an der Tochterkapitalgesellschaft 100% beträgt. Die Gesellschafter der Mutter seien natürliche Personen. Auf sich ergebende Unterschiede aus Fremd- bzw. Eigenkapitalfinanzierung wird nicht näher eingegangen. Den Betrachtungen wird ein Wechselkurs von DM/$ = 1/1 zugrundegelegt.

[223] Vgl. Strunk/Zöllkau (1998a), S. 590.

Hierbei beschränken sich die Betrachtungen bzgl. des Auslandes auf Staaten, mit denen ein DBA besteht, wobei exemplarisch die USA - das erste Zielland deutscher Direktinvestitionen[224] - herausgegriffen werden, da sich dort weltweit die meisten Server befinden.[225]

## 4.2 Vertrieb vom Inland ins Ausland (Outbound-Geschäft)

### 4.2.1 Einführung in das US-Steuerrecht[226]

In den USA werden Steuern auf Ebene des Bundes, der einzelnen Staaten und der Kommunen erhoben. Kapitalgesellschaften, die nach dem Recht der Vereinigten Staaten bzw. ihrer Einzelstaaten gegründet wurden, werden als *„resident corporations"* bezeichnet und sind mit ihrem weltweiten Einkommen in den USA steuerpflichtig.[227] Betriebsstätte ausländischer Kapitalgesellschaften gelten als *„nonresident corporations"* und unterliegen der US-Besteuerung entsprechend ihrer beschränkten Steuerpflicht nur mit den Einkünften, die der Betriebsstätte tatsächlich zurechenbar *(effectively connected)* sind.[228]

Als Besteuerungsgrundlage wird das Bruttoeinkommen *(gross income)* herangezogen,[229] das sich unabhängig von der Art der Einkünfte aus allen nicht steuerbefreiten Vermögenszuwächsen zusammensetzt.[230] Da sich die steuerliche Gewinnermittlung in den USA an der Ergebnisrechnung orientiert, gibt es keine Maßgeblichkeit der Handelsbilanz für die Steuerbilanz. Für Kapitalgesellschaften ohne steuerlichen Sonderstatus ist die *„accrual method"* vorgeschrieben, die mit dem Betriebsvermögensvergleich des § 4 Abs. 1 EStG vergleichbar ist.[231]

Neben den gesetzlichen Bestimmungen des amerikanischen Steuerrechts ist das DBA-USA zu beachten, dessen kurze Beschreibung sich hier auf die für das Thema relevanten Belange beschränkt.

Der Geltungsbereich umfaßt gem. Art. 1 DBA-USA in einem oder beiden Vertragsstaaten ansässige Personen und Gesellschaften. Ob eine Kapitalgesellschaft

---

[224] 23% USA, 8,3% Frankreich, 8% Belgien, 7,9% GB, 5,8% Niederlande, vgl. IdW (1997), S. 42.

[225] Vgl. Abbildung 6; in den USA bestehen Bestrebungen, sogar virtuelle Betriebsstätten (z.B. in Form einer Homepage) zur Begründung der beschränkten Steuerpflicht zuzulassen, vgl. Strunk (1998c), S. 194.

[226] Die Einführung beschränkt sich auf die Besteuerung laufender Einkünfte nach dem Bundessteuerrecht; die steuerliche Behandlung von Veräußerungsgewinnen und Verlusten bleibt außer Acht.

[227] Vgl. Sec. 7701 (a) IRC.

[228] Vgl. Sec. 882 (a) (2) IRC.

[229] Vgl. Sec. 61 IRC.

[230] Vgl. Zschiegner (1998), S. 923.

[231] Vgl. Ebenda, S. 337 f.; Haueisen (1990), S. 177-179.

das Kriterium der Ansässigkeit erfüllt, richtet sich nach den im Recht des Vertragsstaates festgelegten Kriterien, z.B. Ort der Gründung, Sitz der Geschäftsleitung, u.ä.[232] Das Ergebnis einer US-Betriebsstätte unterliegt gem. Art. 7 Abs. 1 DBA-USA der amerikanischen Besteuerung; steuerpflichtig ist dabei das deutsche Stammhaus.[233] Die Definition der Betriebsstätte lehnt sich im wesentlichen an das OECD-MA an.[234] Der sachliche Geltungsbereich des DBA erstreckt sich im wesentlichen auf die Bundeseinkommensteuer der USA, wozu neben der *„federal income tax"* insbesondere die *„alternative minimum tax"* zu zählen ist.[235]

### 4.2.2 Besteuerung bei Errichtung einer Betriebsstätte in den USA

Die Frage, ob im Ausland eine Betriebsstätte vorliegt, richtet sich im zu betrachtenden Fall nach dem Abkommensrecht. Danach liegt eine Betriebsstätte (*permanent establishment*) vor, wenn durch eine feste Geschäftseinrichtung die Tätigkeit des Unternehmens ganz oder teilweise ausgeübt wird.[236] Demzufolge ist die Qualifizierung eines Internet-Servers als Betriebsstätte denkbar.[237] Da diese keine eigene Rechtspersönlichkeit besitzt, ist für die Besteuerung der Status des deutschen Stammhauses ausschlaggebend.[238]

Im zu betrachtenden Fall unterliegt die Kapitalgesellschaft, welche in den USA beschränkt steuerpflichtig ist, somit der *„corporation tax"*, die progressiv mit Steuersätzen von 15-35% gestaffelt ist.[239] Als Bemessungsgrundlage werden sämtliche der Betriebsstätte zurechenbaren Einkünfte im Quellenstaat herangezogen.[240] Da das DBA keinerlei konkrete Anweisungen zur Ergebnisabgrenzung gibt, wird der zu versteuernde Gewinn des Stammhauses bzw. der Betriebsstätte sowohl nach deutschem, als auch nach amerikanischen Steuerrecht ermittelt.[241] Zu beachten ist, daß der Wohnsitzstaat der Kapitalgesellschaft bei der Bestimmung

---

[232] Vgl. Portner u.a. (1990), Art. 4 Abs. 1 DBA-USA.

[233] Vgl. Hirsch (1996), S. 60.

[234] Zu den Unterschieden zum deutschen Betriebsstättenbegriff siehe Abschnitt 3.2.1; vgl. Pöllath (1990), S. 243.

[235] Die *accumulated earnings tax* ist nicht im DBA enthalten; vgl. Portner u.a. (1990), Art. 2 Abs. 1a DBA-USA.

[236] Vgl. Portner u.a. (1990), Art. 5 Abs. 1 DBA-USA.

[237] In einigen Staaten der USA genügt die Präsenz immaterieller Gegenstände (z.B. Software) zur Begründung der Steuerpflicht, vgl. Maguire/Levenson/Shapio (1997), S. 1494 und Tabelle 7.

[238] Vgl. Jacobs (1995), S. 275.

[239] Vgl. Abbildung 8.

[240] Vgl. Portner u.a. (1990), Art. 7 Abs. 1 DBA-USA; Sec. 882 (a) (2) IRC.

[241] Auf die Methoden der Abgrenzung wird nicht näher eingegangen; es ist aber davon auszugehen, daß ein angemessener Anteil aus der Vertriebsspanne nur im Schätzwege ermittelbar ist. Die der Betriebsstätte zuzurechnenden Aufwendungen dürften sich dagegen eindeutig aus dem Betrieb und Unterhalt des Servers ergeben; vgl. Prinz (1998), S. 437.

des inländischen Steuersatzes (auf die Steuer des Stammhauses) die Betriebsstätteneinkünfte von der Bemessungsgrundlage wegen des Progressionsvorbehalts nicht ausnimmt.[242]

Im Zuge einer steuerlichen Gleichstellung von Betriebsstätte und Tochtergesellschaft unterliegen die bereits versteuerten Gewinne, die aus dem US-Geschäftsbetrieb entnommen werden einer „*branch profit tax*" in Höhe von 5%.[243] Damit wird der einer Ausschüttung entsprechende Betrag (*dividend equivalent amount*) den Dividenden einer US-Tochtergesellschaft gleichgestellt.[244] Der zu versteuernde Betrag wird aus dem Gewinn der Zweigniederlassung abzgl. US-Körperschaftsteuer und des als reinvestiert geltenden Gewinnanteils (dazu zählen i.d.R. nur AV-Mehrungen) des aktuellen Veranlagungszeitraums zzgl. Reduzierungen von Reinvestitionen der Vorjahre ermittelt.[245]

Das Betriebsstättenergebnis unterliegt neben der vom Bund erhobenen „*federal income corporation tax*" noch der Körperschaftsteuer des jeweiligen Sitzstaates (*state income corporation tax*) der Niederlassung[246] oder eines anderen Bundesstaates aufgrund einer Verbindung zu diesem. Der notwendige Nexus wird bspw. durch Besitz, Miete oder Beschäftigung von Arbeitnehmern erreicht.[247] Der Steuersatz reicht dabei von 0-14,5% und wird auf eine eigens ermittelte Bemessungsgrundlage erhoben, die u.U. von der des Bundes abweicht.[248]

Hat das inländische Unternehmen die Rechtsform einer Kapitalgesellschaft, so ist im Ausschüttungsfall eine weitere Freistellung nur bei unbeschränkt steuerpflichtigen Körperschaften möglich.[249] Bei natürlichen Personen (bzw. Personengesellschaften) unterliegen die steuerfreien Auslandseinkünfte der inländischen Steuer, wobei eine Anrechnung der Körperschaftsteuer wegen der fehlenden Herstellung der Ausschüttungsbelastung des Stammhauses (§ 40 Satz 1 Nr. 1 KStG) nicht in Frage kommt.[250] Im Ausschüttungsfall kommt es auf Ebene der Gesellschaft zur Erhebung einer Kapitalertragsteuer in Höhe von 25% (§ 43a Abs. 1 Nr. 1 EStG).

---

[242] Vgl. Art. 23 Abs. 2 Buchstabe a DBA-USA.

[243] Vgl. Sec. 884 (a) IRC i.V.m. Art. 10 Abs. 8 u. 9 u. Art. 23 Abs. 5a DBA-USA.

[244] Vgl. Ruffer/Turcon (1994), S. 418.

[245] Vgl. Sec.884 (b) IRC, Zschiegner (1998), S. 971.

[246] Auf die Besteuerung einzelner Gemeinden (z.B. New York City Tax) wird nicht eingegangen.

[247] Vgl. Zschiegner (1998), S. 993.

[248] Vgl. Hirsch (1996), S. 60; Müssener (1986), S. 52 f.; Eine Auflistung der Steuersätze der einzelnen Bundesstaaten findet sich in Tabelle 8.

[249] Vgl. § 8b Abs. 1 KStG i.V.m. § 1 Abs. 1 KStG.

[250] Auf Ausnahmen im Organschaftsverhältnis wird nicht eingegangen.

Ferner werden die Dividenden gem. § 2 Abs. 1 Nr. 5 EStG i.V.m. § 20 Abs. 1 Nr. 1 EStG auf Ebene der natürlichen Gesellschafter durch deren Einkommensteuer erfaßt, wobei die Kapitalertragsteuer nach § 36 Abs. 2 Nr. 2 EStG angerechnet werden kann. Gem. Art. 2 Abs. 2 OECD-MA sind die Betriebsstättengewinne von der deutschen Gewerbesteuer freigestellt.

### 4.2.3 Besteuerung bei Errichtung einer Tochtergesellschaft in den USA

Am häufigsten wird aufgrund der Haftungsbeschränkung und der Umgehungsmöglichkeit der *branch profit tax* die Rechtsform der Kapitalgesellschaft gewählt.[251] Auf die Schwierigkeiten bei der Bestimmung, ob es sich bei dem ausländischen Wirtschaftsgebilde nach nationalem bzw. Abkommensrecht um eine Kapitalgesellschaft oder Personengesellschaft handelt, kann im Rahmen dieser Arbeit nicht Stellung genommen werden.[252] Das Einkommen einer ausländischen Gesellschaft unterliegt der US-Einkommensteuer unter zwei unabhängigen Voraussetzungen. Einkünfte aus einem Geschäftsbetrieb in den USA (*US trade or business*) werden mit einem progressiv gestaffelten Steuersatz belastet. Sonstige Einkünfte (*US source investment income*) unterliegen einem pauschalen Satz von 30%.[253] Im Fall der Tochtergesellschaft ist zwischen der Besteuerung auf Gesellschafts- und Gesellschafterebene zu unterscheiden:

*(1) Besteuerung auf Gesellschaftsebene*

Bei der Gründung einer Tochtergesellschaft entsteht eine rechtlich selbständige juristische Person, für die das Trennungsprinzip zu beachten ist. Demnach hat die Tochtergesellschaft ihren Gewinn nach dem im Ansässigkeitsstaat geltenden Recht zu versteuern.[254] Die Tochterkapitalgesellschaft ist dort mit ihrem weltweiten Einkommen körperschaftsteuerpflichtig[255] und unterliegt ebenso wie die Betriebsstätte einem Steuersatz, der sich je nach Progressionsstufe auf 15-35% beläuft.[256]

Eine Besonderheit des amerikanischen Steuerrechts ist die „*alternative minimum tax*" (AMT). Diese Steuer findet Anwendung, sofern die reguläre Steuerschuld kleiner als die AMT ist.[257] Die AMT wird auf Grundlage des körperschaftsteuer-

---

[251] Vgl. Ruffer/Turcon (1994), S. 411; Jacobs (1995), S. 335.
[252] Vgl. dazu Zschiegner (1998), S. 981-983;
[253] Vgl. Sec. 871 (a), Sec. 881 IRC; IRS Pub. 953 (1997), S. 8.
[254] Vgl. Scheffler (1995), S. 5.
[255] Vgl. Sec. 7701 (a) (3) und (4) IRC.
[256] Für das Besteuerungsrecht der Bundesstaaten kann auf Abschnitt 4.2.2 verwiesen werden.
[257] Vgl. IRS Pub. 542 (1997), S. 8.

pflichtigen Einkommens i.S.d. Sec. 56 IRC durch die Hinzurechnung einiger Steuervergünstigungen[258] berechnet. Dabei wird der Kapitalgesellschaft grds. ein Freibetrag von $ 40.000 gewährt,[259] der allerdings um 25% des die Grenze von $ 150.000 übersteigenden Einkommens zu kürzen ist.[260] Ab einem AMT-pflichtigen Einkommen von $ 310.000 wird kein Freibetrag mehr angerechnet. Auf das nun neu ermittelte Einkommen findet gem. Sec. 55 (b) (1) (B) IRC ein Steuersatz von 20% Anwendung.[261] Ist der Betrag der AMT höher als die „normale" Steuerschuld, so wird letztere um den Differenzbetrag erhöht.[262]

Zu berücksichtigen ist ferner die sog. *„accumulated earnings tax"*[263], die auf als zu hoch angesehene Gewinnthesaurierungen erhoben wird. Als Bemessungsgrundlage dient der thesaurierte Gewinn abzgl. der Ertragsteuern und weiterer Abzugspositionen.[264] Von der daraus resultierenden Größe wird ein Freibetrag von $ 250.000 abgezogen und auf den Rest der Höchstsatz der Bundeseinkommensteuer i.H.v. 39,6% angewendet.[265] Eine Steuer, die mit der deutschen Gewerbesteuer vergleichbar wäre, ist in den USA nicht bekannt.[266]

*(2) Besteuerung auf Gesellschafterebene*

Ausschüttungen der Tochter werden entweder als Dividenden, Rückzahlungen des geleisteten Kapitals oder Gewinne aus der Veräußerung eines Kapitalanlagegegenstandes eingestuft.[267] Anteilseigner müssen jedoch nur diejenigen Ausschüttungen versteuern, die als Dividenden zu qualifizieren sind.[268]

Es handelt sich hierbei z.B. um Ausschüttungen aus gegenwärtigen und thesaurierten Gewinnen.[269] Die den Gesellschaftern zufließenden Gewinnanteile werden prinzipiell sowohl im Sitzstaat der Tochtergesellschaft, als auch im Wohnsitzstaat der Gesellschafter besteuert. Aufgrund des DBA werden die Dividenden in den USA bei einer vorliegenden Schachtelbeteiligung, d.h. die Mutterkapitalgesell-

---

[258] Z.B. steuerbefreite Zinseinnahmen aus bestimmten Anleihen.
[259] Vgl. Sec. 55 (d) IRC.
[260] Vgl. IRS Pub. 542 (1997), S. 8.
[261] Vgl. Zschiegner (1998), S. 966.
[262] Vgl. Sec. 55 (a) IRC.
[263] Vgl. Sec. 531-537 IRC.
[264] Vgl. Müssener (1986), S. 49.
[265] Vgl. Zschiegner (1998), S. 967.
[266] Vgl. Müssener (1986), S. 54.
[267] Vgl. Ruffer/Turcon (1994), S. 414.
[268] Vgl. Sec. 871 (a), 881 (a) IRC.
[269] Vgl. Ruffer/Turcon (1994), S. 414.

schaft hält mindestens 10% der Anteile, auf eine Quellensteuer von 5% begrenzt.[270]

Um nun eine Doppelbesteuerung zu vermeiden, werden die Ausschüttungen in Deutschland infolge des internationalen Schachtelprivilegs von der Besteuerung ausgenommen.[271] Dabei muß berücksichtigt werden, daß durch die im Ausland erhobenen Quellensteuern im Inland Definitivcharakter besitzten, da sie nicht auf eine inländische Körperschaftsteuer angerechnet werden können.[272] Die Dividenden sind bei der Muttergesellschaft gem. § 30 Abs.1 Nr. 3 i.V.m. § 30 Abs. 2 Nr. 1 KStG in das verwendbare Eigenkapital EK 01 einzustellen und führen bei natürlichen Anteilseignern im Ausschüttungsfall lediglich zu einer Steuerstundung.[273] Ferner unterliegen die ausgeschütteten Gewinne auf der Ebene der Mutter nicht der deutschen Gewerbesteuer.[274]

### 4.2.4   Vergleich der Steuerbelastung

Zum Zwecke der steueroptimalen Ausgestaltung einer Vertriebsstruktur wurden den rechtlichen Bestimmungen der vorhergehenden Abschnitte folgend zwei Veranlagungssimulationen durchgeführt, die jeweils die prozentuale Steuerbelastung der zuvor diskutierten Alternativen aufzeigen.[275]

Die folgende Tabelle zeigt die Gesamtsteuersätze einer deutschen Kapitalgesellschaft mit Niederlassung in den USA:

| Inland \ Ausland | Betriebsstätte | Tochtergesellschaft | |
|---|---|---|---|
|  |  | Thesaurierung | Ausschüttung |
| Thesaurierung | 42,28% | 39,24% | 42,28% |
| Ausschüttung | 72,87% | - | 72,87% |

Wie aus der Tabelle ersichtlich, führt die Ausschüttung von Gewinnen der Tochtergesellschaft nur zu einer ca. 3%-igen Mehrbelastung und entspricht dann der

---

[270] Vgl. Sec. 1441, 1442 IRC i.V.m. Art. 10 Abs. 2 Buchstabe a DBA-USA.

[271] Vgl. § 8b Abs. 5 KStG; Scheffler (1995), S. 243.

[272] Vgl. Strunk/Zöllkau (1998a), S. 592.

[273] Eine steuerfreie Weiterleitung ist gem. § 8b Abs. 1 i.V.m. § 40 Satz 1 Nr. 1 KStG nur bei Anteilseignern in Form einer Kapitalgesellschaft möglich.

[274] Vgl. § 9 Nr. 8 GewStG.

[275] Vgl. Abbildung 9 u. 10.

Gesamtbelastung der repatriierten Gewinne einer Betriebsstätte. Zu einer empfindlichen Zunahme der Steuerlast kommt es jeweils im Fall der Ausschüttung der Muttergesellschaft an natürliche Anteilseigner.

Abgesehen von den nahezu identischen Gesamtsteuersätzen gibt es bei der Errichtung einer Betriebsstätte steuerliche Nach- und Vorteile, die bei einer Tochgesellschaft nicht auftreten:[276]

- Zur Ermittlung des Betriebsstättenergebnisses bedarf es der Zurechnung von Erträgen und Aufwendungen, woraus sich Abgrenzungsprobleme aufgrund der unterschiedlichen Auffassungen der Finanzverwaltungen ergeben.[277]

- Der IRS kann zur Besteuerung der Betriebsstätte von der deutschen Muttergesellschaft Buchhaltungsaufzeichnungen anfordern.

- Die auf den Betriebsstättengewinn zu entrichtende *„state income corporation tax"* wird durch Aufteilung des Welteinkommens des deutschen Stammhauses errechnet und führt u.U. auch dann zu einer Belastung, wenn die Betriebsstättenverluste erwirtschaftet.

- Die Ermittlung der *branch profit tax* ist mit einem komplizierten Verfahren verbunden, bei dem mit hohen Verwaltungskosten gerechnet werden muß.[278]

- Aus einer aktiven Geschäftstätigkeit stammende Verluste der Betriebsstätte dürfen im Jahr ihrer Entstehung von der deutschen Bemessungsgrundlage abgezogen werden.

- Das Vermögen der Betriebsstätte kann gem. Sec. 351 IRC i.d.R. steuerneutral in eine US-Kapitalgesellschaft eingebracht werden.

Die folgende Tabelle zeigt zum Vergleich die Steuerbelastung in Deutschland:[279]

| Thesaurierung | Ausschüttung |
| --- | --- |
| 54,19% | 60,86% |

Die unterschiedlichen Gesamtsteuerbelastungen sind auf die in den USA niedrigeren Steuersätze zurückzuführen.[280] Dieses Ergebnis wurde jedoch ohne die Be-

---

[276] Vgl. Rudden/Sieker (1994), S. 15 f.

[277] Die Abgrenzung erfolgt nach den jeweiligen Prinzipien des Landes aus deutscher Sicht zur Besteuerung des Stammhauses und von amerikanischer Seite zur Besteuerung der Betriebsstätte.

[278] Vgl. Ruffer/Turcon (1994), S. 428.

[279] Vgl. Abbildung 9 u. 10.

[280] Vgl. dazu Abbildung 11.

rücksichtigung der sich anhand unterschiedlicher Gewinnermittlungsvorschriften abweichenden Bemessungsgrundlagen ermittelt. Nach den US-GAAP ergeben sich ca. um 15,5% höhere Bemessungsgrundlagen, die z.B. auf andere Abschreibungsregelungen oder nichtabzugsfähige Pensionsrückstellungen zurückzuführen sind.[281]

## 4.3 Vertrieb vom Ausland ins Inland (Inbound-Geschäft)

Eine im Ausland ansässige Kapitalgesellschaft ist gem. § 2 Abs. 1 KStG i.V.m. § 49 Abs. 1 EStG mit ihren in Deutschland erzielten Einkünften besteuerbar.[282]

Angesichts des hohen deutschen Steuerniveaus scheint es ratsam, die deutsche Steuerpflicht, welche sich bspw. aus Gewerbebetrieb i.S.d. §§ 15, 16 EStG beim Vorhandensein einer deutschen Betriebsstätte ergibt, zu vermeiden.[283] Dies ist bei Internet-Geschäften dadurch zu erreichen, daß der Server eines inländischen Telekommunikationsunternehmens oder Online-Providers genutzt wird.[284] Diese dem Unternehmen nicht nahestehende Person stellt dann der Kapitalgesellschaft lediglich Speicherplatz für eine Homepage zur Verfügung und sorgt für eine Verbindung zwischen dem Unternehmen und dessen Kunden.[285] Eine Qualifizierung des Providers als ständigen Vertreter kommt in diesem Fall nicht in Frage.[286]

Zur deutschen Steuerpflicht kann es jedoch auch ohne das Vorliegen einer Betriebsstätte kommen. Dieser Fall ist bei Geschäftsaktivitäten denkbar, die zu Einkünften aus Vermietung und Verpachtung i.S.d. § 49 Abs. 1 Nr. 2 f i.V.m. § 49 Abs. 1 Nr. 6 EStG führen. Eine Anwendung dieser Vorschrift scheint beim Vertrieb von Standardsoftware derzeit nicht gegeben,[287] könnte aber wohl beim Verkauf hochentwickelten Know-hows auftreten, soweit Urheberrechte an der Software übertragen werden.

Ausländische Freiberufler können die deutsche Steuerpflicht vermeiden, indem vor der Geschäftsaufnahme mit deutschen Kunden eine Kapitalgesellschaft ge-

---

[281] Vgl. Jacobs (1991), S. 368.

[282] Vgl. auch Art. 7 Abs. 1 OECD-MA.

[283] Vgl. § 49 Abs. 1 Nr. 2 Buchstabe a EStG.

[284] Vgl. Strunk (1998a), S. 1825.

[285] Vgl. Strunk/Zöllkau (1998b), S. 610.

[286] Vgl. Abschnitt 3.2.2.

[287] Standardsoftware wird nach aktuellem Recht in Deutschland als materielles Gut angesehen, vgl. Ausführungen unter Abschnitt 2.4.1.

gründet wird, die dann weder Einkünfte i.S.d. § 49 Abs. 1 Nr. 3 EStG, noch Einkünfte aus gewerblicher Tätigkeit erzielt.[288]

Sofern die beschränkte Steuerpflicht nicht vermieden werden soll, ergeben sich für ein Unternehmen Steuerersparnisse durch eine optimale Plazierung des Servers, wenn es seinen Sitz mittels Betriebsstätte in eine Gemeinde mit einem niedrigen Gewerbesteuerhebesatz legt.[289] Dadurch kann eine Gewerbesteuerumgehung für Geschäfte mit Kunden aus Gemeinden mit hohem Hebesatz erreicht werden.[290]

## 5 Schlußbemerkung

Wie in dieser Arbeit gezeigt wurde, ist eine Subsumption der sich aus dem E-Commerce ergebenden Geschäfte und Einkunftsarten unter die bestehenden Steuergesetze möglich.[291] Aus der elektronischen Geschäftsabwicklung resultierende Steuergestaltungsmöglichkeiten – z.B. durch die Errichtung eines Servers in einem Niedrigsteuerland – müssen jedoch vor dem Hintergrund einer noch nicht gesicherten rechtlichen Basis betrachtet werden.[292] Der sich hieraus ergebende Risikofaktor ist sicherlich ebenso, wie die steuerlichen Vorteile der Gestaltungsidee zu berücksichtigen.

Neben den noch zahlreichen ungeklärten Fragen könnten die neuen Technologien aber auch einen Beitrag zur Reformierung der z.T. längst unüberschaubar gewordenen Gesetzesregelungen leisten. Gerade was die Probleme des Besteuerungs- und Verwaltungsverfahrens angeht, gibt es erste praktikable Lösungsansätze.[293] Dabei handelt es sich im Bereich des Privatkundenhandels um das sog. „*Open Trading Protocol* (OTP)",[294] dessen Ziel die automatisierte Steuerabführung an die Steuerverwaltung im Sitzstaat des Händlers bzw. direkt an das Finanzamt des jeweiligen Verbrauchslandes ist. Dazu ist das OTP mit einer entsprechenden

---

[288] Die abschließende Aufzählung des § 49 Abs. 1 Nr. 2d EStG findet in diesem Fall keine Anwendung, vgl. Strunk/Zöllkau (1998b), S. 612.

[289] Die Stadt Friedrichskoog stellt mit einem Hebesatz von 0% das Optimum dar.

[290] Vgl. Strunk (1997), S. 260.

[291] Ob die Besteuerung nach der aktuellen Rechtslage zu den gewünschten Ergebnissen seitens der Regierungen führt, kann im Rahmen dieser Arbeit nicht diskutiert werden.

[292] Beispielsweise stellt die derzeitige Regelung der Telekommunikationsleistungsbesteuerung lediglich eine Übergangsregelung innerhalb der EU dar und soll zum 1.1.1999 wieder aufgehoben werden. Im Zuge der europaweiten Umsatzsteuerharmonisierung soll dann wieder verstärkt das Ursprungslandprinzip zur Anwendung kommen, vgl. Zöllkau/Schilling/Jansen (1998), S.104; Korf (1997), S. 744 f.

[293] Vgl. Kreienbaum (1998), S. XIII.

[294] Vgl. dazu http://www.otp.org und Dittmar (1998a), S. 4.

Händlersoftware[295] zu verknüpfen, welche die maßgeblichen Umsatzsteuerregelungen der einzelnen Länder beinhaltet.[296] Das OTP liefert die zur Besteuerung nötigen Informationen über die Art der verkauften Güter, den Brutto- bzw. Nettopreis, die Art (traditionell oder online) und den Zielort der Lieferung. Ferner ermöglicht es eine elektronische Signatur sowie die Ausstellung von Rechnung und Quittung. Dem Händler soll keine Einflußnahme auf die elektronische Erhebung möglich sein, wodurch sich Steuerprüfungen hauptsächlich auf technische Kontrollen der eingesetzten Systeme und die Verwendung authentischer Programme und Dokumente beschränken würden.[297]

Als Fazit bleibt festzuhalten, daß aufgrund der zunehmenden kommerziellen Nutzung des Internet, der Klarstellung von Fragen der steuerlichen Behandlung des E-Commerce besondere Bedeutung zukommt. Dies gilt sicherlich sowohl aus unternehmerischer, als auch aus staatlicher Sicht. Besonderer Stellenwert ist dabei auf international einheitliche Regelungen zu legen, um zum einen eine Benachteiligung der neuen Handelsform und zum anderen die Gefahr von Doppelbesteuerungen oder Nichtbesteuerungen zu verhindern. Als Leitmaxime ist grundsätzlich einem Gedanken von Jacques-Yves Cousteau zu folgen: „Das Übel kommt nicht von der Technik, sondern von denen, die sich mißbrauchen, mutwillig oder auch nur fahrlässig."[298]

---

[295] z.B. WorldTax.
[296] Vgl. Dittmar (1998a), S. 1-3.
[297] Vgl. Dittmar (1998b), S. 2.
[298] Vgl. Ebenda, S. 1.

# Literaturverzeichnis


**<u>ATO (1997):</u>**

Tax and the Internet, Discussion Report of the ATO Electronic Commerce Project, August 1997

Location: http://www.ato.gov.au/ecp/

Stand: 4.12.1998


**<u>Beck, Hanno (1997):</u>**

Die Welt am Netz: Wieviel Regulierung braucht das Internet?, in: Wirtschaftsdienst (1997), S. 457-463


**<u>Beck, Hanno / Prinz, Aloys (1997):</u>**

Should All the World be Taxed? – Taxation and the Internet, in: Intereconomics (1997), S. 87-92


**<u>Bernütz, Stefan (1997):</u>**

Ertragsbesteuerung grenzüberschreitender Internet-Transaktionen: Anknüpfung an eine deutsche Betriebsstätte?, in: IStR (1997), S. 353-357


**<u>Birk, Dieter (1995):</u>**

Abgabenordnung – Finanzgerichtsordnung: Kommentar, hrsg. v. Hübschmann Walter, Hepp Ernst und Spitaler Armin, Köln 1995

Stand der Nachlieferung: 10/1998


**<u>Bourtourault, Pierre-Yves (1997):</u>**

International Tax Issues in Cyberspace: Taxation of Cross-border Electronic Commerce – France, in: Intertax (1997), S. 137-140


**<u>Bülow, Hans-Joachim (1998):</u>**

Umsatzsteuergesetz - Kommentar, hrsg. v. Vogel Alfred, 11.Auflage, Freiburg 1998

Stand der Nachlieferung: 11/1998


**<u>Bünning, Martin (1997):</u>**

Der Quellensteuerabzug gem. §50a und §50d EStG bei internationalen Softwareüberlassungsverträgen, in: CR (1997), S. 723-726

**<u>Business Online Marktstudie (1997):</u>**

Internet-Nutzung deutscher Unternehmen

Location: http://www4.business-online.de/bda/int /bo/umfrage/umfrage.html

Stand: 4.12.1998

**<u>De Hosson, Fred C. (1992):</u>**

Taxation of Cross-Border Software Payments (Article 12), in: Intertax (1992), S. 682-687

**<u>Deutsche Bundesregierung (1997):</u>**

Initiative Elektronischer Geschäftsverkehr, Bonn, 11.11.1997

Location: http://www.bmwi.de

Stand: 4.12.1998

**<u>Dittmar, Frank (1998a):</u>**

Open Trading Protocol (OTP) und Mehrwertsteuer im Internet-Handel

Location: http://www.tu-dresden.de/wwbwlwus/internetco.htm

Stand: 4.12.1998

**<u>Dittmar, Frank (1998b):</u>**

Das OTP-Protokoll – eine geeignete technische Basis zur Umsatzbesteuerung des Internet Handels

Location: http://www.tu-dresden.de/wwbwlwus/internetco,htm

Stand: 4.12.1998

**<u>Eicher, Hans (1998):</u>**

in: Littmann, Eberhard / Blitz, Horst / Hellwig, Peter: Das Einkommensteuerrecht: Kommentar zum Einkommensteuerrecht, 15.Auflage, Stuttgart 1998

Stand der Nachlieferung: 10/1998

**<u>Eichler, Alexander (1998):</u>**

Umsatzsteuerrechtliche Behandlung von Software, in: K&R (1998), S. 56-61

**Europäische Kommission (1998):**

Electronic Commerce: Commission sets out guidelines for indirect taxation, Brussels, 17 June 1998

Location: http://www.europa.eu.int/rapid/start/welcome.htm

Stand: 25.6.1998


**Flore, Ingo (1994):**

Änderung des Umsatzsteuer-Satzes für Computerprogramme, in: DB (1994), S. 303-304


**Flore, Ingo (1998):**

Internet und Steuern – Steuerfolgen und Steuergestaltung bei geschäftlichen Aktivitäten von GmbH mittels Internet, in: GmbH-Steuerberater (1998), S. 291-294


**Forrester Reasearch (1997):**

The Emerging Digital Economy

Location: http://www.forrester.com

Stand: 4.12.1998


**Forst, David L. (1997):**

The Continuing Vitality of Source-Based Taxation in the Electronic Age, in: Tax Notes International (1997), S. 1455-1473


**Frieden, Karl A. / Porter, Michael E. (1996):**

The Taxation of Cyberspace, Arthur Andersen Worldwide, December 1996

Location: http://www.caltax.org/andersen/contents.htm

Stand: 4.12.1998


**Geibel, Stefan (1996):**

Attraktive steuerliche Gestaltungsmöglichkeiten im Ausland, in: Blick durch die Wirtschaft vom 31.12.1996, S. 10


**Geoffrey, Kay A. (1997):**

International Tax Issues in Cyberspace: Taxation of Cross-border Electronic Commerce – UK, in: Intertax (1997), S. 141-142

**George, Heinz (1987):**

Software-Programme – materielle oder immaterielle Wirtschaftsgüter?, in: Finanz-Rundschau (1987), S. 579-581

**Giesberts, Franz J. (1997):**

Kommentar zum Umsatzsteuergesetz, hrsg. v. Rau Günter, Dürrwächter Erich, Flick Hans und Geist Reinhold, 8.Auflage, Köln 1997
Stand der Nachlieferung: 10/1998

**Görl, Maximilian (1996):**

Doppelbesteuerungsabkommen, hrsg. v. Vogel Klaus, 3.Auflage, München 1996

**Gummert, Heinke / Trapp, Stephan (1998a):**

Umsatzsteuer auf Leistungen im Internet, in: MMR (1998), S. 227-231

**Gummert, Heinke / Trapp, Stephan (1998b):**

Der Internet-Server als ertragsteuerliche Betriebsstätte, in: MMR (1998), S. 350-354

**Günkel, Manfred (1997):**

DBA-Kommentar, hrsg. v. Becker Helmut, Höppner Horst-Dieter, Grotherr Siegfried und Kroppen Heinz-Klaus, Berlin 1997

**Haueisen, Bernd (1990):**

Steuerliche Gewinnermittlungsvorschriften in den Vereinigten Staaten, in: Gründzüge des US-amerikanischen Steuerrechts, hrsg. v. Kramer Jörg-Dietrich, Stuttgart 1990, S. 175-196

**Heinicke, Reinhard (1998):**

Einkommensteuergesetz (Kommentar), hrsg. v. Schmidt Ludwig, 17.Auflage, München 1998

**Hinnekens, Luc (1998):**

The Challanges of Applying VAT and Income Tax Territoriality Concepts and Rules to International Electronic Commerce, in: Intertax (1998), S. 52-70

**Hirsch, Christoph (1996):**

US-amerikanische Besteuerung des Ergebnisses einer Betriebsstätte in den USA,
in: IStR (1996), S. 59-63


**Holler, Guido (1998):**

Betriebsstättenbegründung durch Errichtung eines Verkaufsservers im Internet?,
in: BB (1998), S. 771-773


**Hoppen, Christian / Pelzer, Jochen (1993):**

Anwendung des ermäßigten Umsatzsteuersatzes bei Software?, in: DStR (1993),
S. 1778-1780


**Horner, Frances M. / Owens, Jeffrey (1996):**

Tax and the Web: New Technology, Old Problems, in: Bulletin for International
Fiscal Documentation (1996), S. 516-523


**Institut der deutschen Wirtschaft (1997):**

Zahlen zur wirtschaftlichen Entwicklung der Bundesrepublik Deutschland, Köln
1997


**Internal Revenue Service (1997):**

Publication 542: Corporations

Location: http://www.irs.ustreas.gov

Stand: 4.12.1998


**Internal Revenue Service (1997):**

Publication 953: International Tax Information for businesses

Location: http://www.irs.ustreas.gov

Stand: 4.12.1998



**Jacobs, Otto H. (1991):**

Modelluntersuchung zum internationalen Steuerbelastungsvergleich zwischen
Deutschland und den USA, in: Aktuelle Fachbeiträge aus Wirtschaftsprüfung und
Beratung, Festschrift zum 65. Geburtstag von Prof. Dr. Hans Luik, hrsg. v. Schi-
tag Ernst & Young-Gruppe, Stuttgart 1991, S. 363-383

**Jacobs, Otto H. (1995):**

Internationale Unternehmensbesteuerung - Handbuch zur Besteuerung deutscher Unternehmen mit Auslandsbeziehungen, 3. Auflage, München 1995

**Keller, Roland (1998):**

Immer mehr Firmen setzen auf das virtuelle Geschäft im Internet, in: HB vom 18.05.1998, S. 43

**Kessler, Wolfgang (1998):**

Besteuerung des Electronic Commerce – Eine Herausforderung für Gesetzgeber, Finanzverwaltung und Unternehmen, in: DSWR (1998), S. 234-237

**Klein, M. (1996):**

Einkommensteuer- und Körperschaftsteuergesetz, hrsg. v. Herrmann Carl, Heuer Gerhard und Raupach Arndt, Kommentar, 21.Auflage, Köln 1996
Stand der Nachlieferung: 9/1998

**Klüting, Hans (1994):**

Ermäßigter USt-Satz für die Überlassung von Computerprogrammen?, in: DStR (1994), S. 352-353

**Korf, Ralph (1997):**

Neuregelung des Leistungsortes von Telekommunikationsdienstleistungen, in: DB (1997), S. 744-750

**Kreienbaum, Martin (1998):**

Tagungsbericht – Die OECD-Ministerkonferenz „A Borderless World: Realising the Potential of Global Electronic Commerce" vom 7.-9. Oktober 1998 in Ottawa, Kanada, in: IStR (1998), Heft 22 S. XIII

**Kröger, Detlef / Göers, Jutta / Hanken, Claas (1998):**

Internet für Juristen: weltweiter Zugriff auf juristische Fachinformationen, Berlin u.a.1998

**Kumpf, Wolfgang (1982):**

Besteuerung inländischer Betriebsstätten von Steuerausländern, Köln 1982

**Kumpf, Wolfgang (1996):**

Einkommensteuer- und Körperschaftsteuergesetz, hrsg. v. Herrmann Carl, Heuer
Gerhard und Raupach Arndt, Kommentar, 21.Auflage, Köln 1996
Stand der Nachlieferung: 9/1998

**Kuner, Christopher (1996):**

Internet für Juristen: Zugang, Recherche, Kommunikation, Sicherheit, Informati-
onsquellen, München 1996

**Kurbel, Karl / Teuteberg, Frank (1998):**

Betriebliche Internet-Nutzung in der Bundesrepublik Deutschland – Ergebnisse
einer empirischen Untersuchung, 2. erweiterte Auflage
Location: http://viadrina.euv-frankfurt-o.de/~wi-www/aktuelles.html
Stand: 4.12.1998

**Lejeune, Ine / Vanham, Bart (1998):**

Does Cyber-Commerce Necessitate a Revision of International Tax Concepts?,
Part I, in: European Taxation (1998), S. 2-13

**Lüdicke, Jürgen (1997):**

Kommentar zum Einkommensteuergesetz, hrsg. v. Lademann Fritz, 4.Auflage,
Stuttgart u.a. 1997
Stand der Nachlieferung: 5/1998

**Maguire, Ned / Levenson, Alan / Shapio, Alan (1997):**

Deloitte & Touche Offers Comments on Tax Policy Implications of Global
Electronic Commerce, in: Tax Notes International (1997), S. 1483-1494

**Mick, Marcus / Wuermeling, Ulrich (1997):**

Umsatzsteuerbarkeit von Telekommunikationsleistungen, Tele- und Online-
Diensten, in: IStR (1997), S. 357-363

**Mick, Marcus (1995):**

Steuerharmonisierung und Gemeinsamer Markt, in: Handbuch des Europäischen
Steuer- und Abgabenrechts, hrsg. v. Birk Dieter, Berlin/Herne 1995, S. 637-707

**Müssener, Ingo (1986):**

Steuern in den USA, in: Steuern in Europa, USA, Kanada und Japan, hrsg. v. Mennel Annemarie / Förster Jutta, Herne u.a.1986, S. 1-74

**Newman, Nathan (1996):**

The Great Internet Tax Drain, in: Technology Review (1996), S. 24-30

**Nieskens, Hans (1996):**

Die umsatzsteuerliche Behandlung des Vertriebs sog. Standard-Anwender-Software durch den Hersteller an private Endabnehmer im Hinblick auf §12 Abs.2 Nr.7 Buchst. c UStG, in: BB (1996), S. 2656-2661

**Nowak, Peter (1995):**

Die umsatzsteuerliche Behandlung der Überlassung von Software im Spiegel von Literatur- und Verwaltungsauffassung, in: INF (1995), S. 449-451

**O.V. (1996):**

Britische Informationsangebote über BTX oder Internet, in: Steuer & Wirtschaft International (1996), S. 462

**O.V. (1997a):**

Schon 140 deutsche Buchhändler mit eigenen Seiten im Internet, in: FAZ vom 17.10.1997, S. 29

**O.V. (1997b):**

Bundesregierung will den Handel im Internet fördern, in: Blick durch die Wirtschaft vom 31.10.1997, S. 1

**O.V. (1997c):**

Das weltumspannende Internet ist kein Steuerparadies, in: HB vom 8.12.1997, S. 43

**O.V. (1998a):**

Nicht nur der Computer-Freak kauft im Internet ein, in: HB vom 18.05.1998, S. 44

**O.V. (1998b):**

Das Internet wandelt sich immer mehr zur Geschäftsplattform, in: FAZ vom 21.02.1998, S. 14

**O.V. (1998c)**

Die Bundesrepublik holt beim Internet auf, in: SZ vom 23.03.1998, S. 28

**O´Donnell, Thomas A. / DiSangro, Paul A. (1997):**

United States Tax Policy on Electronic Commerce, in: Intertax (1997), S. 429-444

**OECD (1997a):**

Electronic Commerce: The Challanges to Tax Authorities and Taxpayers, Turku 18.11.1997

**OECD (1997b):**

Business Perspectives on the Taxation of Global Electronic Commerce, Turku 18.11.1997

**OECD (1998a):**

Committee for Information, Computer and Communications Policy: Measuring Electronic Commerce: International Trade in Software, Paris 1998

**OECD (1998b):**

Electronic Commerce: A Discussion Paper on Taxation Issues

Location: http://www.ottawaoecdconference.org

Stand: 10.11.1998

**OECD (1998c):**

Revision of the Commentary on Article 12 Concerning Software Payments

Location: http://www.ottawaoecdconference.org

Stand: 10.11.1998

**Owens, Jeffrey (1997):**

What a Chance for the Virtual Taxman, in: The OECD Observer No.208 (1997), S. 16-19

**Paltridge, Sam / Ypsilanti, Dimitri (1997):**

A Bright Outlook for Communikations, in: The OECD Observer No. 205 (1997), S. 19-22

**Pöllath, Reinhard (1990):**

Unternehmensbesteuerung nach dem DBA-USA, in: Grundzüge des US-amerikanischen Steuerrechts, hrsg. v. Kramer Jörg-Dietrich, Stuttgart 1990, S. 241-276

**Pöllath, Reinhard (1996):**

Doppelbesteuerungsabkommen, hrsg. v. Vogel Klaus, 3.Auflage, München 1996

**Portner, Rosemarie (1998):**

Betriebsstätte durch grenzüberschreitende Internet-Transaktionen, in: IStR (1998), S. 553-557

**Portner, Rosemarie u.a. (1990):**

Doppelbesteuerungsabkommen Deutschland – USA: Kommentar, hrsg. v. Arthur Andersen & Co GmbH, Köln 1990

**Prinz, Ulrich (1997):**

Steueroptimierte Vetriebsstrukturen im Outbound-Geschäft, in: Finanz-Rundschau (1997), S. 517-523

**Prinz, Ulrich (1998):**

Steuergünstige Arbeits- und Funktionsteilung zwischen in- und ausländischen Konzerneinheiten bei verschiedenen Vertriebssystemen (Eigenhändler, Handels-vertreter, Kommissionär); Internet-Server als „intelligenter Verkaufsautomat", in: Jahrbuch der Fachanwälte für Steuerrecht 1997/98 – aktuelle steuerrechtliche Bei-träge der 48. Steuerrechtlichen Jahresarbeitstagung vom 26. bis 28. Mai 1997, Herne/Berlin 1998

**Rudden, John T. / Sieker, Klaus (1994):**

Besteuerung deutscher Unternehmen in den USA, hrsg. v. C&L Deutsche Revision AG, Herne/Berlin 1994

**Ruffer, Richard A. / Turcon, Eric (1994):**

Grundlagen des US-amerikanischen Steuerrechts, in: Grundlagen des US-amerikanischen Gesellschafts-, Wirtschafts-, Steuer- und Fremdenrechts – Rechtliche Rahmenbedingungen für ausländische Direktinvestitionen in den USA, hrsg. v. Turcon Remi J. und Zimmer Daniel, München 1994, S. 393-430

**Scheffler, Wolfram (1995):**

Besteuerung der grenzüberschreitenden Unternehmenstätigkeit, München 1995

**Schumann, Lutz (1997):**

6    **Steueroase Internet, in: Impulse (1997), S. 116-118**

**Schwarz, Bernhard (1998):**

Kommentar zur Abgabenordnung, 11.Auflage, Freiburg 1998

Stand der Nachlieferung: 11/1998

**Slapio, Ursula (1997):**

Umsatzsteuerliche Behandlung von Telekommunikationsleistungen, in: DStR (1997), S. 1068-1071

**Soete, Luc (1996):**

The bit tax: taxing value in the emerging Information Society

Location: http://meritbbs.unimaas.nl/cybertax/

Stand: 4.12.1998

**Spanakanis, Georgios (1998):**

Indirekte Besteuerung des elektronischen Geschäftsverkehrs: Quo vadis?, in: DSWR (1998), S. 238-241

Stapperfend, Thomas (1991):

7    Die steuer- und bilanzrechtliche Behandlung von Software, Diss., Köln 1991

**Strunk, Günther (1997):**

Grenzüberschreitende Geschäftsaktivitäten durch das Internet als weißer Fleck der Besteuerung?, in: IStR (1997), S. 257-262

**Strunk, Günther (1998a):**

Ist es wirklich wichtig, ob der Internet-Server eine Betriebsstätte begründet?, in: BB (1998), S. 1824-1826

**Strunk, Günther (1998b):**

Die Besteuerung des Electronic Commerce bleibt umstritten, in: Blick durch die Wirtschaft vom 10.06.1998, S. 1-2

**Strunk, Günther (1998c):**

Besteuerung und Internet, in: Internet – Handbuch für Steuerberater und Wirtschaftsprüfer, hrsg. v. Kröger Detlef und Kellersman Dietrich, Neuwied u.a. 1998, S. 185-227

**Strunk, Günther / Zöllkau, York (1998a):**

Steueroptimale Vertriebsstrukturen unter Einsatz des Internets, in: Finanz-Rundschau (1998), S. 589-596

**Strunk, Günther / Zöllkau, York (1998b):**

Die beschränkte Steuerpflicht nach §49 EStG in einer virtuellen Geschäftswelt, in: INF (1998), S. 609-612

**Stumpf, Herbert (1998):**

Der Lizenzvertrag, 7. neubearbeitete und erweiterte Auflage, Heidelberg 1998

**Tillinghast, David R. (1996):**

The Impact of the Internet on the Taxation of International Transactions, in: Bulletin for International Fiscal Documentation (1996), S. 524-526

**Tipke, Klaus / Kruse, Heinrich W. (1996):**

Kommentar zur AO 1977 und FGO, 16.Auflage, Köln 1996
Stand der Nachlieferung: 11/1998

**United States Department of the Treasury (1996):**

**Selected Tax Policy Implications of Global Electronic Commerce, Nov. 1996, in Intertax 1997, S. 148-171**


**Van der Laan, R.A. (1991):**

Computer software in international tax law, in: Intertax (1991), S. 266-273


**Vellen, Michael (1997):**

Umsatzbesteuerung der Telekommunikationsdienstleistungen, in: UR (1997), S. 197-208


**Vellen, Michael (1998):**

Umsatzbesteuerung der Transaktionen im elektronischen Handel, in: K&R (1998), S. 273-283


**Verlinden, Isabel / Verbeken, Alain (1998):**

Does Cyber-Commerce Necessitate a Revision of International Tax Concepts?, Part II, in: European Taxation (1998), S. 50-58


**Vogel, Klaus (1996):**

Doppelbesteuerungsabkommen, 3.Auflage, München 1996


**Weilbach, Erich A. / Sender, Andreas (1997):**

Gestaltungsmöglichkeiten bei der umsatzsteuerlichen Behandlung von Software, in: DStR (1997), S. 1315-1317


**Welnhofer, Michaela (1998):**

Neue Entwicklungen bei der umsatzsteuerrechtlichen Behandlung des elektronischen Geschäftsverkehrs auf nationaler und internationaler Ebene, in: DStR (1998), S. 1539-1541


**Welnhofer, Michaela / Pross, Achim (1996):**

Internet und Steuerrecht, in: Recht im Internet, hrsg. v. Schwarz Mathias, Stadtbergen 1996

**Weninger, Rudolf (1998):**

Bericht über die OECD-Ministerkonferenz zum elektronischen Handel, in: ÖStZ (1998), S. 559-562

**Wilke, Hans-Joachim (1997):**

Umsatzsteuergesetz, Kommentar, hrsg. v. Weinmann Rüdiger, Neustadt 1997
Stand der Nachlieferung: 10/1998

**Zöllkau, York (1998):**

Auswirkungen des Electronic Commerce auf das Ertragsteuerrecht, in: CR (1998), S. 290-296

**Zöllkau, York / Schilling, Sibylle / Jansen, Axel (1998):**

Umsatzsteuer auf Leistungen im Internet, in: IStR (1998), S. 97-104

**Zschiegner, Hans (1998):**

Das Einkommensteuerrecht der USA, in: IWB Fach 8 Gruppe 2 S. 919-996

## Urteile des BFH / RFH:

| Urteil: | Quelle: |
| --- | --- |
| RFH-Urteil v. 21.11.1941 V 109/40 | RStBl. 1942, S. 285-286 |
| BFH-Urteil v. 26.11.1953 V 138/52 U | BStBl. III 1954, S. 63-64 |
| BFH-Urteil v. 23.05.1973 I R 163/71 | BStBl. II 1974, S. 287 |
| BFH-Urteil v. 4.04.1974 V R 161/72 | BStBl. II 1974, S. 532-533 |
| BFH-Urteil v. 28.10.1977 III R 77/75 | BStBl. II 1978, S. 116-118 |
| BFH-Urteil v. 19.3.1981 IV R 49/77 | BStBl. II 1981, S. 538-542 |
| BFH-Urteil v. 17.3.1982 I R 189/79 | BStBl. II 1982, S. 624-625 |
| BFH-Urteil v. 1.12.1982 I R 238/81 | BStBl. II 1983, S. 213 |
| BFH-Urteil v. 28.08.1986 V R 20/79 | BStBl. II 1987, S. 162-164 |
| BFH-Urteil v. 3.07.1987 III R 7/86 | BStBl. II 1987; S. 728-732 |
| BFH-Urteil v. 24.09.1987 V R 105/77 | BStBl. II 1988, S. 303-306 |
| BFH-Urteil v. 29.09.1987 X R 17/82 | BStBl. II 1988, S. 49-50 |
| BFH-Urteil v. 20.07.1988 I R 61/85 | BStBl. II 1989, S. 99-101 |
| BFH-Urteil v. 21.12.1988 V R 24/87 | BStBl. II 1989, S. 430-432 |
| BFH-Urteil v. 11.10.1989 I R 77/88 | BStBl. II 1990, S. 166-167 |
| BFH-Urteil v. 16.5.1990 I R 113/87 | BStBl. II 1990, S. 983-985 |
| BFH-Urteil v. 3.02.1993 I R 80-81/91 | BStBl. II 1993, S. 462-467 |
| BFH-Urteil v. 19.03.1993 I R 80/92 | BStBl. II 1993, S. 655-656 |
| BFH-Urteil v. 12.05.1993 XI R 56/90 | BStBl. II 1993, S. 847-849 |
| BFH-Urteil v. 13.03.1997 V R 13/96 | BStBl. II 1997, S. 372-373 |
| BFH-Urteil v. 13.03.1997 V B 120/96 | DStRE 1997, S. 472-473 |

## Schreiben des BMF und Urteile anderer Finanzgerichte:

| Schreiben/Urteil: | Quelle: |
| --- | --- |
| BMF-Schreiben v. 27.12.1982, IV A1 - S 7240 - 25/82 | BStBl. I 1983, S. 18 |
| OFD Frankfurt/Main v. 1.12.1993, S 7117 A – 5/82 – St IV 10 | UR 1994, S. 484 |
| FG Baden-Württemberg v. 30.06.1994, 3 K 83/89 | EFG 1995, S. 143 |
| BMF-Schreiben v. 7.10.1994 IV C 3-S-7100-36/94 | nicht veröffentlicht |
| OFD Saarbrücken v. 30.03.1995, S 7100 – 186 – St 241 | DStR 1995, S. 850 |
| BMF-Schreiben v. 29.04.1997, IV C 2 - S 7117f - 25/97 | BStBl. I 1997, S. 410-411 |
| BMF-Schreiben v. 18.11.1997, IV C 4 – S 7117f – 88/97 | DB 1997, S. 2403-2405 |
| OFD Koblenz v. 22.06.1998, S 7100 A – St 512 | DStR 1998, S. 1135-1136 |